教育部2010年度
长江学者和创新团队发展计划
“证据科学研究与应用”资助

四川省哲学社会科学重点研究
基地一四川省犯罪防控研究
中心立项资助
（项目号FZFK13—15）

Xingshi Shenpan Moshi de Jingji Fenxi
yi Dangshiren Zhuyi wei Zhongxin

王海军　著

刑事审判模式的经济分析

——以当事人主义为中心

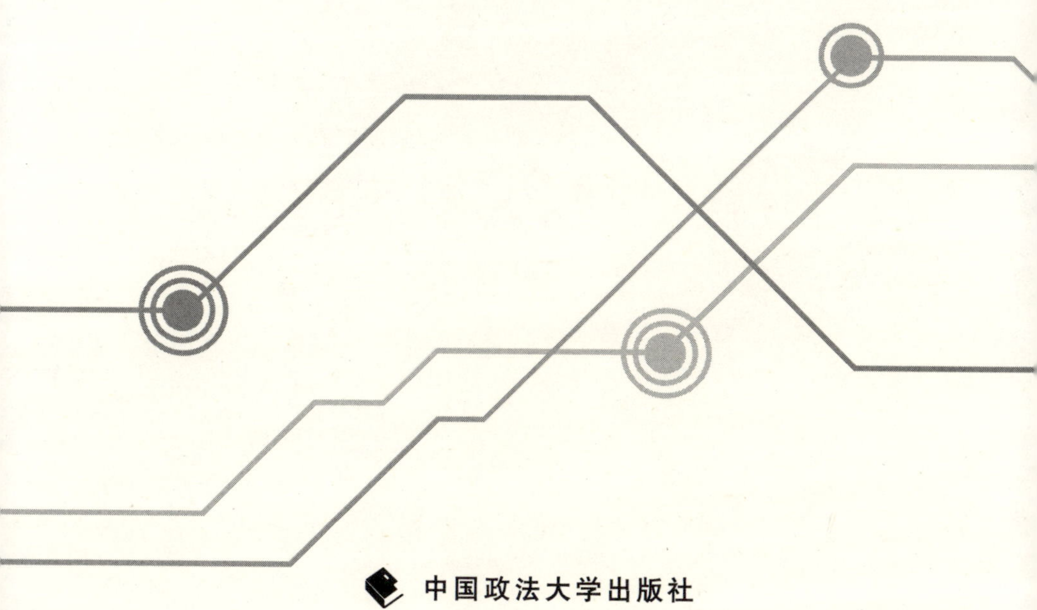

中国政法大学出版社

2013·北京

引言 Introduction

一

当今世界，各国刑事司法普遍面临着司法需求迅速扩大与刑事司法资源有限之间的矛盾。为应对日益增多的刑事案件，无论是英美法系国家，还是大陆法系国家，都纷纷出台了一系列旨在优化刑事司法程序，提高刑事诉讼效率的改革措施。其中，比较典型的有扩大简易程序的适用、辩诉交易（协商）程序的发展等。同时，福利型社会的蓬勃发展也对刑事司法提出了更高的要求。刑事审判不仅要满足人们对公正的要求，还要满足人们的福利需求，为社会提供更多的司法福利。广义上，这也是司法效率的重要内容。对刑事审判模式进行经济分析，并提出符合经济理性的改革建议，有利于优化刑事司法资源配置，提高刑事司法效率，增进刑事司法福利水平。

以程序主导权为标准，刑事审判大致可分为职权主义和当事人主义两种相互对应的模式。因为这两种模式具有相对性，分析其中一种模式也可以起到理解另一种模式的效果，所以本书选取以其中的当事人主义为对象展开刑事审判模式的经济分析。当事人主义刑事审判模式是以控辩双方为主导的刑事审判程序。经济分析就是运用经济学的理论和方法，特别是运用交易成本、公共选择、福利经济学、行为法经济学等理论以及相关方法研究当事人主义刑事审判模式的形成、结构、过程、效果以及未来的改革发展。

效率是法经济分析的重要价值目标。法官、检察官、被害人、被告人等刑事诉讼主体在刑事审判过程中必然要进行经济学意义上的理性行为选择。任何制度模式，不论如何强调公正价值，如果忽视效率考量，都是不科学的。因此，在刑事审判程序中，如何平衡公正与效率价值的关系就成为刑事审判模式选择的重要任务。法经济学分析为我们研究和解决这一问题提供了一套行之有效的理论和方法。

法经济学是法学与经济学的交叉学科，具有较早的历史渊源，在20世纪后期得到了迅速发展。其中，以美国的芝加哥学派最具有代表性，科斯、波斯纳等一大批著名法经济学家为这一学科的发展作出了重大贡献。科斯定理、波斯纳的《法律的经济分析》都是非常具有影响力的成果。同时，法经济学又是一个方法论，为法学研究提供了新的视角和方法。近年来，法经济学在我国得到了较快发展，大批学者运用这一方法对诸多部门法进行开拓性的研究，取得了大量对司法改革和司法实践具有指导意义的优秀成果，如运用这一方法对反垄断法、公司法、劳动法、刑法等部门法的研究。然而，纵观国内外的这一领域的研究成果，专门对刑事诉讼甚至刑事审判进行经济分析的研究还十分少见。刑事审判模式的原理、制度以及程序等内容是我国法学理论发展和司法改革的重要组成部分，对其进行法经济学的研究既是必要的，也是可行的。

二

本书运用法经济学的研究方法分析刑事审判模式的经济理性，围绕效率价值重点阐述了当事人主义刑事审判模式的结构、主体行为、证据制度和判解问题，分析了其中的效率生产机制，进而总结出刑事审判模式乃至整个刑事程序经济分析的理论框架和应当树立的效率观。同时，也对我国刑事审判模式的现状和问题进行了分析，在此基础上对我国未来刑事审判模式改革的方向、思路和具体制度设计提出了建议，主张为实现刑事审判的效率，应建立当事人主义为主、职权主义为辅的刑事审判模式。

第一部分主要阐述了刑事审判模式的基本理论。通过与职权主义模式的比较，分析了当事人主义的特征、内容和具体制度表现。认为，职权主义的特征是法官的积极主动性和控辩双方的从属性，而当事人主义的特征则主要是法官的被动中立性和当事人的主体性。当事人主义的内容包括实质性内容和形式性内容两方面。制度主要表现在审判制度、控诉制度、辩护制度、被害人保护制度和证据制度方面。审判的代表性制度是陪审制度和量刑制度，控诉的代表性制度有侦检一体化、令状主义、起诉裁量权、辩诉交易、起诉状一本主义等，辩护的代表性制度有沉默权和辩护权保护制度，被害人保护制度有诉讼权利保障和救助制度，证据制度有证据开示制度和交叉询问制度，等等。

第二部分重点阐述了刑事审判模式经济分析的理论基础。首先，分析了刑事审判中的理性选择，指出理性选择理论是行为人追求效用最大化的理论，认为刑事审判过程也是理性选择过程。其次，分析了效率与正义的统一性，认为在法经济学视野下，二者具有统一性，正义具有效率的含义，效率也包含正义因素。再次，进一步提出了对刑事审判模式进行经济分析的理论基础，包括交易成本论、博弈与均衡论、公共选择论、福利经济学、行为法经济学、竞争与合作理论、效率理论等理论。最后，概括分析了法经济学的主要研究方法，包括个人主义方法论、规范分析与实证分析、成本收益分析、微观分析等研究方法。其中，个人主义方法论是法经济学的根本方法。

第三部分研究了当事人主义刑事审判模式结构的经济理性。首先，针对传统理论上对当事人主义模式过分强调对抗性的认识，提出当事人主义刑事审判模式的结构具有复合性，包含对抗性和合作性。虽然控辩对抗性是贯穿刑事程序始终的主导特性，但合作性也是必不可少的。从经济学意义上讲，当事人主义中的合作既有竞争性合作，又有互补性合作，二者都有重要的效率价值。然后，分别分析了对抗机制和合作机制的具体表现，对抗机制包括交叉询问、辩论等方面，合作机制包括证据开示、辩诉交易、刑事和解、程序选择等方面。再次，运用法经济学理论分析了对抗与合作的效率生产机制，认为对抗与合作都是能够实现效率最大化的机制。最后，提出对抗与合作的效率生产并不是自足的，需要一定的条件，这些条件主要是控辩双方地位平等、信息对称、干预较少、剩余分配合理等。而创造对抗与合作条件，排除合作障碍的最有效方法是法官发挥积极调控作用。一方面要维护对抗与合作的前提和基础，实现控辩平衡，另一方面要审查和监督程序运行，防止合作的负外部性。

第四部分研究了当事人主义审判模式下证据制度的经济理性。当事人主义的核心是控辩平衡。证据制度是用来规范证据采集、审查、认定等行为的，其价值目标是准确、公正和效率。当事人主义刑事审判中的证据活动是由控辩双方主导的，证据制度所担负的任务应该是控辩双方证明成本的平衡。认为证据制度的核心应该是在证据采集、证据审查和证据认定三个阶段实现成本平衡且最小化。证据采集的目的是发现事实，类似于生产，证据制度应该实现生产成本最小化；证据审查是控辩双方相互审查对方证据和事实，主要通过证据信息的交换实现，证据制度要实现交易成本最小化；证据认定主要由法官在双方搜集证据和审查证据的基础上对事实进行认定，其中面临的主要是行为成本，证据制度应该实现行为成本最小化。

第五部分研究了当事人主义刑事审判模式下各诉讼主体诉讼行为的经济理性。共分三个层次。第一个层次是分别对法官、检察官和当事人的诉讼行为的法理特征和经济特征进行全面分析。指出，法官行为的法理特征是居中性、被动性、裁量性等，检察官行为的法理特征是程序性、攻击性、行政性等，当事人行为的法理特征是私权性、攻击（防御）性，而这三类诉讼参与人的共同法经济学特征是自利性。第二个层次是对各主体诉讼行为之间的行为关系进行经济分析。认为当事人主义刑事审判模式下诉讼主体的行为并不是孤立存在的，而是基于对理性的追求形成了充分的博弈关系。各方的目标是在个人理性与集体利性之间寻求一种均衡，实现各自的利益最大化，这也正是该模式的力量所在。第三个层次重点分析博弈的保障。从正当程序角度分析认为，当事人主义虽然为博弈创造了良好的条件，但是博弈过程并非自洽的，需要相应的程序保障机制。诉讼各方要保持应有的角色理性，审判程序要保证充分的参与性和公开性，同时法官也要给予必要的释明。

第六部分研究了当事人主义刑事审判模式下“判解”的经济理性。主要运用福利经济学的原理，结合刑事审判的价值和功能，对刑事司法判解问题进行分析。福利经济学认为，福利是一种主观感受，主观性是福利经济学的重要特征。个人是其福利的最好判断者。自由竞争是实现福利的最优途径。刑事审判的终极价值是实现社会福利最大化，刑事判解必须同时具有主观性和客观性。本书认为，当事人主义模式的主体性原理必然导致司法的二元解，即合法性解和合理性解。合法性解的正当性基础是法律规范以及法律的原则和精神；合理性解的基础是当事人的主观满足。而这两方面恰恰符合福利经济学原理和建设福利社会的要求。

第七部分是对前六部分研究的理论总结。基于法经济学原理提出了刑事审判的效率观以及对刑事审判模式乃至整个刑事程序进行经济分析的理论框架，进而总结了当事人主义刑事审判模式的效率特性。

第八部分基于对刑事审判模式的效率分析，提出我国未来应按照当事人主义为主、职权主义为辅的思路改革与完善刑事审判模式。首先指出，我国当前的刑事审判模式为“强职权”主义，公检法机关分别控制着侦查、起诉和审判程序，司法官员在刑事诉讼中起着主导作用，当事人处于从属地位。虽然该模式在特定方面能够起到提高效率的作用，但这种严重失衡的诉讼架构也造成了巨大的效率损失，必须予以变革。对我国刑事审判模式的改造应该沿循对抗与合作两条思路展开。要赋予控辩双方应有的诉讼角色、诉讼职能和平等的诉讼地位，控方应实现当事人化，辩方主体地位应予以强化，被害方的诉讼权益要充分保障。优化审前和审判程序，审前应实现侦检一体化，建立证据开示制度和起诉状一本主义，审判中要完善交叉询问和量刑程序。更为重要的是，应当借鉴英美法系做法，建立辩诉交易制度，同时，完善刑事和解程序，促进控辩双方之间的充分对抗与合作，提高审判效率。

三

本书在研究中注重基础理论、研究视角、研究方法、实践问题等方面的扩展。基础理论上，本书首先对法经济学在法学研究中的方法论意义进行探讨，研究了这一方法论创新的正当性，丰富了刑事审判研究的方法论。更重要的是，运用经济分析的方法形成了一些新的概念、判断和认识结论，拓展了刑事审判理论的内涵和外延。研究视角上，本书从刑事审判模式的结构、主体、证据、判解等多个层次对当事人主义刑事审判模式进行系统解剖，在整体和局部都有较为深入的分析。研究方法上，本书在运用个别的法经济分析方法的基础上，注重对经济学理论和方法进行系统梳理和总结，全面运用于对刑事审判模式的分析中。而且，在分析中，还兼用了认知心理学、法社会学等其他方法论。实践上，本书的分析并不仅仅局限在理念、理论的层面上，还特别研究了刑事审判实践中的一系列热点、难点、重点问题，针对这些问题提出了具有一定实践意义的改革建议。

王海军

2013年5月

目录 Contents

第一章 刑事审判模式

当今世界各国的刑事审判模式，根据当事人在诉讼中是否居于主导地位，可分为当事人主义与职权主义。德国、法国等大陆法系国家的刑事诉讼法采职权主义模式，法官在诉讼中占有主导地位。英美等国的刑事诉讼法采当事人主义模式。日本则是两种模式的混合体，即采当事人主义为主，职权主义为辅的模式。一方面，因为这两种模式具有相对性，分析其中一种模式也可以起到理解另一种模式的效果，另一方面，因为我国采用的是职权主义模式，未来改革可能需要借鉴当事人主义的先进经验，所以，本书选取以其中的当事人主义为对象展开刑事审判模式的经济分析，希望通过对当事人主义的分析，了解两种模式的不同经济理性，为我国刑事审判模式改革提供指导。

本章将以当事人主义刑事审判模式为中心，结合职权主义，对刑事审判模式的特征予以系统解析。

一、职权主义刑事审判模式

职权主义一般为大陆法系盛行的制度。从程序主导权来看，法官居于主导地位，控制着审判程序的进行。依据传统刑事诉讼观念，刑事审判的目的乃是查清犯罪事实，惩罚犯罪，维护社会公共秩序。这一目标的实现，仅仅依靠当事人的控告、调查举证很难达到目标，应由国家力量进行主导。就法官而言，刑事审判则要贯彻实体真实主义，发现事实真相，因此，审判程序应由法官依据职权推进。在此种模式下，法官拥有积极、主动的诉讼指挥权。职权主义的特征表现在形式和实质两个方面：

（一）职权主义的形式特征

在职权主义模式下，法官承担收集证据、调查证据的主要义务。刑事审判由法官依职权推进，原则上不受当事人影响。换言之，职权主义的诉讼架构，其特色在于，案件虽然是由检察官依法控诉，但是基于发现真实的需要，法院亦可依职权进行证据调查。另外，在该种审判程序下，案件一经起诉，对于审判程序的推动、证据的搜集和调查、犯罪事实认定等事项，法院均可以依职权进行，不受当事人意思约束。另外，法庭证据调查的顺序、范围和方法，同样由法官决定。法官就事实真相负有积极探究的责任，并以直接讯问的方式来发现事实真相，并非仅仅听从于原、被告的片面陈述。因此，这个制度的特色是法官积极探究事实真相，采法官直接讯问的方式来发现事实真相，而不是听两造一词之片面故事。[1]

---

〔1〕 Mirjan Damaska, "Presentation of Evidence and Fact-finding Pricision", 123 *U. Pa. L. Rev.* 1083, 1089～1090 (1975). 转引自王兆鹏：《美国刑事诉讼法》，北京大学出版社 2005 年版，第 480 页。

具体而言，在职权主义模式下，控、辩、审三方的结构大体上属于法官控制下的“线型结构”，他们各自的职责和行为方式主要是：①法官是刑事审判的中心，主导审判程序。在庭审中，为了履行查清案件事实的职责，法官须主动收集、调查证据，并进行独立判断。②控诉方的作用消极、弱化。进入审判程序后，检察机关的部分控诉职能被法院取代，甚至，有些场合，公诉人的作用只是补充性的。例如，在法庭调查方面，检察官只是充当法官的配角，对证据进行补充。③被告方地位和权利很难获得充分保障。庭审在法官的控制下进行，辩护方行使发表意见、调查提出证据等权利要经过法官的准许，受到法庭的约束。

（二）职权主义的实质内容

职权主义的实质内容主要表现在法官的探明义务与法官、检察官的客观性义务上。职权主义的刑事审判中没有“当事人双方平等对立”的观念，而是透过探明义务与客观性义务来拘束、干预法官、检察官实施刑事诉讼。

1. 探明义务。在职权主义下，刑事审判不采纳当事人进行原则和当事人处分原则，而是由法院依职权进行，法律赋予法官探明事实真相的义务。我国台湾地区“刑事诉讼法”第163条规定：“法院为发见真实，得依职权调查证据。但对于公平正义的维护或对被告的利益有重大关系事项，法院应依职权调查之。”可以说，本条款赋予了法院探明案件事实真相的义务。基于此，法院不能仅仅根据当事人的主张和提出的证据进行裁判，必须依职权进行探明。探明义务的法理基础在于刑事诉讼中的实体真实主义。

2. 客观性义务。要求检察官和法官在进行刑事诉讼时要对被告有利和不利的情形一并注意，不能因追诉犯罪的需要而只关注对被告不利的证据。对法官而言，当检察官就被告犯罪事实未证明到排除合理怀疑程度时，不能立刻作出无罪判决，还应进一步指挥调查；相反，当检察官控诉确实、被告无力防御时，也不能立即作出有罪判决，还应调查对被告有利的证据，直至认为彻底查清事实。所以，法官的客观性义务具有保护无辜、弱势被告的功能。对检察官而言，也不能基于控诉职责片面追诉被告，亦负有维护公平正义和查清客观事实的义务。正如德国19世纪探讨检察官制时的名言："检察官应担当法律守护人的光荣使命，诉追犯法者，保护受压迫者，并援助一切受国家照料的人民"；"在对被告的刑事程序中，检察官作为法律的守护人，负有彻头彻尾实现法律要求的职权"。[1] 鉴于客观性义务，检察官在刑事诉讼法上并非一方当事人，而是法律的守护人。依照客观性义务，检察官必要时甚至应该在审判庭上主张被告人不构成犯罪。检察官的客观性义务，不仅是发现实体真实目的的要求，也是平衡国家与被告人实力差距的结果。

（三）职权主义的缺陷

职权主义模式之所以被大陆法系国家广泛沿用多年，是因为该模式在发现事实和履行刑事审判职能等方面发挥了一定的积极作用。但就理论而言，职权主义也容易产生以下几方面不足：

1. 审判前法官可能产生预断。由于法官主导审判程序，为保证庭审顺利进行，法官在审判前往往要对案件进行熟悉，详阅相关卷宗，有可能在审判前就在未听取辩护方意见的情况下，

〔1〕 林钰雄：《刑事诉讼法》（上册），元照出版公司2003年版，第120～121页。

根据控诉机关搜集的证据过早形成心证，使庭审流于形式，实质上剥夺辩护方的辩护权，导致错误裁决。

2. 法官难以保持中立性。职权主义的审判中，法官承担搜集、调查证据的责任，对被告人有利、不利的事实都需要尽职调查。在调查对被告人不利证据方面扮演“追诉”角色，在发现对被告人有利证据方面又扮演“防御”角色，在评价证据确认事实方面还要承担“中立者”角色。这三种角色的混同与冲突，造成法官难以履行其应然的裁判角色，客观中立性受到质疑。

3. 当事人积极性不够。法官主导审判的进行，代替检察官调查对被告不利的证据，代替辩护律师调查对被告有力的证据，当事人可能成为庭审中被动的旁观者，不能发挥其亲历或更接近于事实的优势。而且，控辩双方，尤其是辩方，在审判过程中很多诉讼权利均受到限制，也会影响其参与庭审的积极性。

二、当事人主义刑事审判模式

（一）概念和特征

当事人主义又称“对抗制”、“辩论主义”，是与职权主义相对应的一种审判模式。蔡墩铭先生认为“当事人主义”，即“刑事诉讼之进行操诸当事人之手，法院无主导权者，称当事人主义”[1]。黄东熊先生则进一步指出，“所谓当事人主义，不外乎拥护人权主义，尊重个人尊严之主义，并且，系一种维持社会有秩序的自由之法（自然法）”[2]。学者左卫民认为，“当事

〔1〕 蔡墩铭：《刑事诉讼法论》，台湾五南图书出版公司1996年版，第16页。
〔2〕 黄东熊：《刑事诉讼法研究》，台湾“中央警察大学”1985年版，第167页。

人主义是指刑事审判活动主要围绕控诉方的举证和被告方的反驳而进行，法官（包括陪审团）处于居中公断地位的一种诉讼结构，它主要用于英美法系国家”[1]。

与职权主义相对，当事人主义主要有以下特征：

1. 法官的被动性。在当事人主义模式下，法官不主动依职权调查证据，在法庭调查中要保持自我克制，消极居中裁判。案件事实的发现和确认依托于控诉方和辩护方的举证和辩论，实行交叉询问的制度。必要时，法官根据当事人的申请方可干预庭审，比如，根据当事人异议法官可对交叉询问的形式和内容进行审查。

2. 当事人的平等性。在当事人主义模式下，控辩双方处于平等对抗的地位。就控诉方而言，它担负着举证责任并为此展开诉讼攻击活动。就辩护方而言，它担负着反驳控诉方的主张及证据并提出自己无罪或罪轻理由的职责。而在职权主义模式下，被告方多处于被追诉者的角色，法官和检察官居于追诉者地位，被告方难以享有平等对话的诉讼权利。在当事人主义模式下，当事人双方对其所主张的事实，承担搜集证据和调查义务，法官处于被动角色。双方传唤各自证人，一方询问完毕后，另一方可继续询问。通常会攻击证人的信用能力，或者致力于获得对己方有利的证词。法官在审前对事实毫不知情，经过交叉询问，事实真相才逐渐被披露和证实。[2]

---

〔1〕 左卫民、王凌：“刑事审判模式比较研究”，载《现代法学》1993年第6期。

〔2〕 Mirjan Damaska, “Presentation of Evidence and Fact-finding Pricision”, 123 *U. Pa. L. Rev.* 1083, 1090 (1975). 转引自王兆鹏：《美国刑事诉讼法》，北京大学出版社2005年版，第480页。

3. 强调当事人的主体地位。在当事人主义模式下，控辩双方享有广泛的程序权利。实行处分原则，允许控诉方变更、追加和撤回诉讼，允许双方进行辩诉交易。设置起诉认否程序，如果被告人自愿作出有罪供述，无须举证和辩论，法官可直接作出有罪判决。被告的权利得到较充分的保障。如：享有拒绝不当逮捕、搜索及扣押的权利；审讯中享有沉默权；委托辩护人的权利；对抗和辩驳控诉的权利；交叉询问证人的权利；公开迅速审判的权利；不受再次追诉的权利；等等。而在职权主义模式下，被告人的诉讼权利有所限制，控辩双方缺乏处分权，其“合意”行为一般不被允许。

（二）当事人主义刑事审判模式的内容

依黄东熊先生的观点，“当事人主义实含有形式性或技术性与实质性或原则性之两层意义，同时，后者之意义，其重要性远超过前者……所谓当事人主义，不外乎拥护人权主义，尊重个人尊严之主义，并且，系一种维持社会有秩序的自由之法（自然法）”[1]。因此，当事人主义刑事审判模式的内容可从形式和实质两个方面理解。

1. 形式性内容。就当事人主义的形式性来看，主要包括当事人进行主义、辩论主义和处分主义。当事人进行主义的含义是，在审判程序的推进中，当事人享有主导权。这里的“主导”，并非指代替法官进行诉讼指挥，而是指法官的审判需要依据当事人的主张和提出的证据进行，当事人可以决定审判的事项。辩论主义意为由当事人进行证据的搜集和举证。英美刑事

---

〔1〕 黄东熊：《刑事诉讼法研究》，台湾“中央警察大学”1985 年版，第 146、167 页。

程序，认为庭审应以竞技方式进行，证据调查由当事人依据法庭竞技规则进行，因此，有人称之为司法竞争主义。具体而言，在辩论主义下，主张和证明事实属于当事人的权责，认定事实原则上应以当事人所提的证据为限，非经任何一方当事人主张的事实，不能作为判决依据。而且，对当事人不存在争议的事实无需举证，法院可直接采纳。当事人处分主义则指承认当事人对诉讼对象有处分权，将审判的对象和范围交由当事人决定。在起诉之前，控诉方享有起诉裁量权。起诉以后，亦可撤回起诉。由于将裁判建立在控辩双方当事人之间攻击和防御的基础之上，因此，允许当事人之间的协商与合作，并设有起诉认否程序和辩诉交易制度。

2. 实质内容。实质内容是指隐藏于形式内容背后的，并对形式内容具有决定性的规律。

（1）发现真实。当事人主义将发现事实的责任分配给了控辩双方当事人，各方当事人对自身的诉讼行为负全责。因此，各方都会倾注全力为己方举证和辩论，提出所有的有利证据，这样自然有助于真实的发现。同时，法官不能积极介入搜集证据或者为任何一方当事人辩护，必须集中精力倾听和辨别双方当事人的意见和证据。在此情形下，如果双方均将有利于己方的证据完全揭示，并以各自的立场彻底展开激辩，必然有利于发现事实。总之，将探寻真相的责任分配给与审判结果关系最为密切的当事人，而不是法官，是最为合理和可靠的做法。

（2）保障人权。刑事司法往往是以国家为一方当事人，而以私人为对方当事人，形成强者对弱者的格局。私人权利容易受到国家权力的侵犯，保障人权自应成为刑事诉讼制度的目的。从历史观察，在愈自由的社会，刑事司法制度的人权保障功能愈大；反之则愈小。德国哲学家黑格尔指出："世界的历史即自由观念的进步。"在私人享有最大限度自由的社会，刑事司法制度的人权保障功能则可以发挥到最大限度。当事人主义刑事审判模式以人权保障为价值，将辩方地位提高到了与控方同等重要的程度，并赋予了被追诉人完全的主体地位，极大地丰富了刑事审判的人权保障功能。

（3）正当程序。正当程序是现代司法制度的核心价值。正当法律程序的要旨是保障当事人的参与权。它体现了"自由与正义"的基本自然法则，是构成当事人主义精神的基础。当事人主义之精神植根于"正当法律程序"（Due Process of Law）。所谓正当法律程序，依美国杰出法官弗兰克·福特（Frank Furter）之言：它强调人与人之间的公平性，尤其是政府与个人之间的公平性。此种精神乃源自于美国的历史和理性。此外，依卡多佐法官的看法，正当法律程序乃是发自蕴含于国人心中的基本传统与良知良能，并含有宪法保障在内的尊重个人自由的精神。因此，当事人主义的精神，核心不外乎是尊重个人尊严和保护个人权利，是一种维持社会秩序的自然法概念，目的在于防止专横压迫，以最大限度地保护人权。"就本质而言，当事人主义的精髓在于平等主体之间的竞争。在刑事诉讼中，由于采用国家干预主义，这种竞争体现为国家与个人的对抗。亦即，辩护方与拥有国家追诉权并天然有着滥用倾向的权力机构相抗衡，它表现为公民权利对国家权力的抵制作用。"[1]

（4）增进福利。任何制度存在的根本目的都是为增进人类

---

〔1〕 张建伟：《司法竞技主义——英美诉讼传统与中国庭审方式》，北京大学出版社2005年版，第4页。

的福利，刑事审判制度也不例外。“一种制度，假如不是适应人类某些实质性的需要，假如它的基础不是牢靠地建立在事物的自然属性上，那么它一定会灭亡，灭亡得越早越好。”[1] 福利是对人们需要的满足，这个需要是带有明显的主观性和个人性的。所以，福利不是外部强加的。尊重人们的意愿并按照人们的意愿行事，是福利增进的根本途径。当事人主义模式标榜当事人的自治性和处分性，扩大当事人之间的协商机制，提供了一条当事人可接受性和满足感更强的司法路径和模式。

三、当事人主义刑事审判模式的制度表现

当事人主义刑事审判的精神、特征和内容都是通过一系列制度和程序表现出来的。这些制度和程序涉及审判、控诉、辩护、证明等多个方面。而且，有些制度，例如侦检一体化，是处于审前阶段的控诉制度，但由于与审判模式的密切相关性，也应属同一范畴。

（一）审判制度

1. 陪审团制度。刑事陪审制度起源于英国，指国家从普通公民中选出部分人员作为陪审员来参与刑事案件审理，单独判断案件事实或者与职业法官共同对案件事实和量刑进行裁决的审判制度。大陆法系国家也对该制度进行了移植。德国、法国、意大利等国还对陪审制进行了符合本国传统的改造，形成了所谓的参审制。如德国在刑事审判中采用职业法官与陪审员“协作”裁判的审判模式。

---

〔1〕［英］J. G. 弗雷泽：《魔鬼的律师——为迷信辩护》，阎云祥、龚小夏译，东方出版社 1988 年版，第 3 页。

美国是陪审制度最发达的国家。美国宪法修正案第6～7条赋予了刑事被告接受陪审团审判的权利，即“在所有刑事案件中，被告应有权要求由罪案发生地之州及区的公正陪审团予以迅速及公开之审判……”。“在普通法上的诉讼，其诉讼标的如超过20美元者，则当事人有权要求陪审团审判”。除此以外，美国宪法中关于陪审团的规定还有第3条和第5条修正案。前者规定：“对一切罪行的审判，除了弹劾案之外，均应由陪审团作出。”后者规定：“非经大陪审团提起公诉，人民不受死罪或重罪审判。”大陪审团一般由16～23人组成，大陪审团的目的在于防止检察官滥用其诉权，侵犯被告方的权利。小陪审团一般由6～12人组成。

陪审团主要对事实进行裁决，包括证据的可信力与证明力。在大多数州，不论判决被告有罪或者无罪，都需要陪审团全体一致通过，否则将成为未决案，需要重新选任陪审员再次审判。陪审团裁决一般为终局裁决。只有在没有初步证据可供参考、发生法律错误、出现“陪审团不良行为”等情况下，法官才可以撤销陪审团的裁决。

2. 量刑制度。在英美法系国家，基于正当程序理念，对普通刑事案件实行定罪和量刑分离的量刑程序。也就是说在定罪后，还要进行一种与大陆法系国家不同的控辩对抗、法官居中裁判的独立的量刑程序。在英国，量刑程序是在被告作有罪答辩或确认被告有罪之后进行。对于事前被告作无罪答辩的情况，因为法官已对犯罪事实有所了解，就不需要再说明犯罪情况。相反，如果被告作有罪答辩，控方需对犯罪事实作一般性介绍，包括犯罪的严重程度、被告的悔过表现以及有无前科等情况，但一般不允许提出具体的量刑建议。美国量刑程序的特点与英国有所不同，其特点集中体现在重罪案件上。对于大多数重罪案件，在量刑前要由缓刑官对被告人进行详细调查，形成调查报告，供控辩双方以及法官参考。同时，允许被害人作影响陈述，说明被害方遭受身体、经济、情感、心理等方面的伤害，作为法官量刑的参考。与英国相同的是，也有一个量刑听证程序。被告方可以提出从轻或者减轻处罚的理由，控辩双方也可以对与量刑相关的事实进行举证和辩论，经过听证，法官作出量刑决定。

（二）控诉制度

1. 侦检一体化。当事人主义刑事审判模式下，为强化控诉方的当事人地位，多建立了控方主导的侦控程序，即侦检一体化。侦检一体化理论认为，“侦查与起诉在刑事诉讼中均属控诉职能，侦查是起诉的必要前提，起诉是侦查的必然归宿。侦查隶属于起诉，起诉是整个控诉职能的核心，在控诉职能中居于支配地位，因为起诉的质量高低、成败与否决定了整个控诉职能是否履行以及履行的好坏”〔1〕。侦检一体化的典型特征是检察官在侦查程序中享有领导权、主导权和监督权。检察官与警察之间始终是一种上命下从的关系，警察在诉讼活动中应该辅助检察机关开展控诉活动，但不可能是侦查程序的领导者。例如，在美国，检察机构和警察机构都是刑事案件的侦查主体，享有现场勘验、扣押物品、调查询问、讯问等必要权力，也可以采取逮捕等强制性侦查措施。在多数犯罪案件侦查中，检察人员并不亲自进行侦查活动，而是指导和监督专业侦查人员或

---

〔1〕 陈卫东：“侦检一体化与刑事审前程序的重构”，载《国家检察官学院学报》2002年第1期。

大陪审团的调查工作。但是在某些情况下，检察人员也亲自主持并开展犯罪案件侦查工作。

关于侦检一体化的形式，学界也有不同主张。有学者认为，“警检之间的这种关系，既可以表现为一种组织上的隶属关系，也可以表现为一种非组织上的而只是侦查上的业务联系”〔1〕。但主流观点认为，侦检一体化是指侦查机关和检察机关在职能上一体化，而非组织机构上的一体化。“既不是要取消检察机关由公安机关取而代之，也不是要将公安机关合并到检察机关之中，而是在保留现有机构设置的格局下，打破公安机关和检察机关之间的独立性，建立两机关之间的有机联系，对它们在刑事追诉活动中的地位和关系进行重新定位和调整。”〔2〕陈卫东教授也指出：“侦检一体是检察机关与公安机关职能上的一体，而不是体制上的一体。”〔3〕

2. 令状主义。令状主义是英美法系当事人主义刑事程序的重要特征。鉴于该制度价值的普适性，大陆法系的一些国家也借鉴了此制度。关于令状主义的内涵，我国有学者认为：“司法令状制度，是指通过司法令状的方式实施法律上的强制处分，并对利害关系人给予适当的司法救济的程序法制度。要求以司法令状作为强制处分合法的直接依据的法律原则，被称为令状

〔1〕鲁晓荣：“中外警检关系比较及我国警检模式之构想”，载《中国刑事法杂志》2009年第4期。

〔2〕彭勃：“检察权的性质与‘检警一体化’理论试析”，载《当代法学》2002年第8期。

〔3〕陈卫东：“侦检一体化与刑事审前程序的重构”，载《国家检察官学院学报》2002年第2期。

原则，又称令状主义。”[1] 还有学者更进一步强调了该原则的具体实施方式，认为“令状主义是指在进行强制处分时，必须由法院或法官予以判断该强制处分是否合法并签署令状；当执行强制处分时，原则上必须向被处分人出示该令状”[2]。对于令状主义的理解应当把握以下几点：一是令状只能由中立的法官在对强制处分行为的必要性和合理性进行审查后依法律规定签发；二是令状中必须指定具体的强制侦查行为和侦查对象；三是当强制处分可能侵犯公民的自由权、财产权和隐私权时，必须依据令状进行。

为确保国家追诉权力正当行使，保护被追诉人的诉讼权利，维持控辩平等的诉讼格局，英美法系国家多在刑事诉讼中实行令状原则，于侦查程序中对将要实施的强制侦查行为进行事先的司法审查，防止公权力侵犯私权利。一般先由享有侦查权的法定机关提出申请，申请中需要具体载明拟采用的强制侦查行为、侦查对象、执行的时间期间以及必要性、合理性等内容。令状的审查和签发多由独立于侦查机关的法院进行，有的国家检察官或者其他独立官员也可以签发。审查的重点是强制侦查行为的“合理根据”，但一般只对合法性进行审查，只要符合法定要件，就予以签发。例如，在美国，侦查机关在实施逮捕、搜查、窃听等强制侦查行为前，须先向治安法官提出申请，并证明犯罪行为的严重性以及犯罪嫌疑人的危险性等事实，以阐

---

〔1〕 孙长永、高峰：“刑事侦查中的司法令状制度探析”，载《广东社会科学》2006 年第 2 期。

〔2〕 宋英辉、吴宏耀：《刑事审判前程序研究》，中国政法大学出版社 2001 年版，第 39 页。

明强制侦查的必要性。如果法官认为符合法定条件，则予以签发令状。当然，为了保证侦查效率，法律也规定了一些例外，如将逮捕分为有证逮捕和无证逮捕，即在某些紧急情况下无令状也可以进行逮捕。

3. 起诉裁量权。起诉裁量权是检察官根据案件具体情况和法律原则精神，在是否起诉以及起诉的形式和内容之间进行自由裁量的权力。赋予检察官起诉裁量权是当事人主义国家的通行做法。起诉裁量权范围较广，具体包括：①不起诉权。针对某些符合起诉条件的案件，检察官为实现具体正义，依职权根据案件具体情形而选择作出不起诉处分的权力。主要包括微罪不起诉、附条件不起诉和起诉犹豫三种情形。[1] ②辩诉交易权。控辩双方对特定案件进行协商谈判，控方常以撤销某些指控或者降格指控以及建议从轻处罚为条件，换取辩方作出“有罪答辩”。③选择起诉权。检察官依据法律和职权，在起诉时决定应否对某人或某行为进行起诉的权力。如《日本刑事诉讼法》规定，根据犯罪的轻重和情节，犯人的性格、年龄、境遇以及犯罪后的表现，认为没有必要追究刑事责任时，可以不起诉。④撤回起诉权。检察官在提起公诉后，根据案件具体进展情况可以决定撤回起诉。撤回起诉权是检察官在审前或者审判阶段享有的一项处分权力。⑤豁免证人权。该项权利在实行当事人

---

〔1〕 微罪不起诉是指检察官在处理某些轻微犯罪时，认为不追诉更为适宜而作出不起诉的决定。采用此种形式的国家较多。附条件不起诉是在对犯罪嫌疑人赋予一定义务的情况下暂时不予起诉，如果被追诉人按规定履行了义务，检察官将不再对其追究；反之，将起诉追究其刑事责任。起诉犹豫是日本的做法，为鼓励犯罪嫌疑人改过自新并防止其再犯新罪，先将其保护管束。如果实现管束目的，不再起诉；相反，则再行起诉追究。

主义的英美等国早被法律认可。检察官为从证人处获得某种重要证据，可免除证人因作证而被定罪的可能性。⑥变更起诉权。在起诉后，如果案件事实发生重大变化，检察官可根据情况改变诉讼请求。⑦追加起诉权。检察官在起诉后又发现其他遗漏犯罪嫌疑人或罪行，可依法对未指控的人或罪行予以追加。⑧上诉权。即检察官对原审法院判决提出上诉并要求重新审判的权力。

起诉裁量权是在起诉便宜主义影响下逐步确立并发展起来的。由于检察官享有较大的处分权，可根据案件具体情况灵活处理，不仅有利于实现具体个案正义和提高诉讼效率，还可以减少羁押，减轻司法负担，便于犯人改过自新。更重要的是，起诉裁量权使得检察官具有了处分权，享有了比较完整的诉讼主体地位，契合了当事人主义刑事审判的精神和要求，为控辩双方之间的充分对抗与合作创造了条件，也为辩诉交易制度的确立奠定了基础。

4. 辩诉交易。辩诉交易起源于美国，是当事人主义刑事审判模式下的代表性程序之一。当事人主义强调控辩双方的主体地位和处分权，赋予了双方就犯罪和刑罚进行协商的权利，并通过辩诉交易制度固定下来。依据《美国法律辞典》，辩诉交易是指“在刑事案件中，被指控者通过律师与公诉人进行协商达成双方均可接受的协议的程序”〔1〕。我国有学者认为，“辩诉交易指在法院开庭前，由提起控诉的检察官（或称政府方律师）与被告方律师进行讨价还价的谈判，或不直接谈判，检察官用撤销指控、修改指控（如降低所指控罪名等级或同意对若干犯

〔1〕［美］彼得·G. 伦斯特洛姆编：《美国法律辞典》，贺卫方等译，中国政法大学出版社1998年版，第168页。

罪中的一项或几项不予起诉）、建议法院给予较轻处罚等手段，以换取被告方作有罪答辩"[1]。从上述定义可以看出，辩诉交易的核心是将诉讼程序的进行交由最了解事实的双方当事人，被告以同意对某项犯罪指控作有罪答辩为条件争取某种宽大处理，公诉方代表国家作出相应让步或妥协，法官根据协议审查被告的认罪行为是否出于理智且自愿，以及被告所认之罪是否具有事实基础后，原则上尊重被告的认罪表示，并且不再调查证据而直接判决。

辩诉交易虽然表面上违背了司法严肃性、公正性的要求，但实质上却体现了个人自由和独立的观念，体现了诉讼的民主性，维持了平等对抗的诉讼结构，促进了司法公正的实现。更重要的是，辩诉交易能提高司法效率，降低司法成本，节约司法资源，减少诉讼风险，使司法机关能有更多资源处理重大刑事案件。同时还可减少对被告的长期羁押，实现更高层次的社会效益。

5. 起诉状一本主义。起诉状一本主义是日本刑事诉讼中贯彻当事人主义模式精神的重要体现。日本法上的起诉状一本主义是指检察官起诉时，仅将记载犯罪事实的起诉书直接送交法院，相关卷证不得一并移交的起诉方式。《日本刑事诉讼法》第256条第2项规定，起诉书需记载下列事项：①被告姓名及其他足以特定被告之事项；②公诉事实；③罪名。除此之外不得再记载其他事项，也不得随附足以使法院产生预断的证据，或者在起诉书中引用其内容。

---

〔1〕 杨宇冠："美国刑事诉讼中的答辩交易"，载《外国法学研究》1986年第4期。

与起诉状一本主义相配套，建立了诉因制度，以强化当事人主义原则的贯彻。检察官起诉时，须在起诉书中载明犯罪的时间、地点及方法等特定犯罪事实，而该犯罪事实即为法院审判范围以及被告防御的对象。既然起诉状一本主义的目的在于排除法官预断，那么在起诉程序上，需与诉因制度相配合，避免审判对象的扩充，造成审判与追诉职能的实质混淆。采用起诉状一本主义的根本原因在于排除法官庭前预断，确保控辩平等以及诉讼重心集中于法庭审理，实现司法公正与效率。

（三）辩护制度

当事人主义的运行需要发达的辩护制度，主要体现在被追诉人沉默权和辩护权的保障上。

1. 沉默权保障。赋予被追诉人沉默权是无罪推定原则和控辩平等原则的体现和要求，这已被各国立法所采纳。联合国《公民权利与政治权利国际公约》第 14 条规定："任何人享有不被强迫作不利于他自己的证言或强迫承认犯罪的权利。"美国宪法规定："任何人都不得被迫在任何刑事案件中成为反对他自己的证人。"日本宪法对此也作了具体规定："任何人都不能被强迫要求作出对自己不利的陈述。"

各国立法在规定沉默权的同时，还规定了一系列保障措施。要求侦控机关在讯问前负有向嫌疑人、被告人明示告知沉默权的义务，保障被追诉人的知悉权；为确保被追诉人供述的自愿性，赋予律师讯问时拥有在场权；采行非法证据排除规则，用审判权制约侦查权；明令要求法院不能因被追诉人保持沉默而对其作出不利的裁决；等等。

2. 辩护权保障。当事人主义刑事审判模式对被告人辩护权的保护是非常充分的。可以说，当事人主义在追诉犯罪与保护人权之间找到了一种平衡协调的路径。辩护人在刑事审判中，除了辅助犯罪嫌疑人、被告人行使诉讼权利，帮助犯罪嫌疑人或被告人进行防御外，还要在审判中发挥监督与制衡的作用。从法治角度看，辩护制度并不是为了某个特定人而存在，而是为了包括我们在内的每一个人而存在，因为当每一个人沦为被告人的时候，都有权要求得到法律专家的辩护以维护自身基本权利。

在当事人主义模式下，辩护人的唯一使命就是保护委托人权益，甚至在明确知道委托人有罪的情况下，也要履行辩护责任。为确保辩护人更好地履行辩护职责，法律赋予了辩护律师比较广泛的权利，如要求控方举证权、会见权、在场权、调查取证权等权利，而且，辩护律师还享有与控方平等的发表意见和举证质证的权利。不仅如此，为保证辩护律师尽职履责，削弱执业风险，英美法系国家多赋予了辩护律师一定的豁免权。如，美国律师“职业道德准则”规定“律师应当保守当事人的秘密和隐私”。[1]

（四）被害人保护制度

近些年来，伴随当事人主义精神的深化，被害人作为一方当事人的主体地位得到了不断加强，权利得到了较为全面地保障。立法方面，关于被害人权利保护的法律制度趋于完善。英国在1996年制定了《被害人宪章》，美国在1982年制定了《联邦被害人和证人保护法》，1990年制定了《被害人权利及损害恢复法》，1994年制定了《被害人权利法案》。这些法律制度使被害人的法律地位得到了大幅提升，诉讼权利和公平待遇得到

〔1〕 何家弘、刘品新：《证据法学》，法律出版社2004年版，第231页。

了保障。在内容方面，重点保护了被害人的诉讼参与权和获得国家补偿权。参与权方面以英国为例，在程序上规定了一系列规则，包括："①允许被害人在屏风后向法庭提供证人证言，不在法庭上与被告见面；②采纳被害人以录音录像的形式向法庭提供的证人证言；③允许被害人在与法庭相邻的房间内通过闭路电视向法庭提供证人证言；④注意清理法庭外走廊等地方的闲杂人员，确保被害人作证时隐私得到保护；⑤法官和律师不带假发、不穿法袍和律师袍，以降低法庭庄严气氛对被害人的影响；⑥采纳在正式庭审程序前质证被害人证言的录像；⑦允许被害人委托代理人与法庭和被告方律师沟通"〔1〕。国家补偿方面，英国、美国、日本、韩国等国家都制定了专门的被害人国家补偿法，对于遭受犯罪侵害，又无法从被告人处获得赔偿的被害人予以经济补偿。

（五）证据制度

当事人主义代表性的证据制度是证据开示、证据规则和交叉询问制度。

1. 证据开示制度。证据开示制度源自英美法，现已扩展到大陆法系，意大利、日本等国家都相继确立了各有特色的证据开示制度。证据开示制度的核心要义是："依据一方当事人的要求，法庭可以要求另一方披露与案件争议事项有关联的信息。"〔2〕也就是说，在审判程序进行前，在这一制度帮助下，诉讼当事人一方可从他方获得与案件有关的证据、数据及信息，

〔1〕［德］汉斯·约阿希姆·施奈德：《国际范围内的被害人》，许章润等译，中国人民公安大学出版社1992年版，第421页。

〔2〕甄贞主编：《刑事诉讼法学研究综述》，法律出版社2002年版，第87页。

从而可以预先准备庭审时的“攻防策略”。

（1）证据开示制度概述。证据开示制度是伴随着当事人主义诉讼模式实质化的步伐产生和发展起来的。目前，美国的证据开示制度最为完善，既有实体方面关于证据开示的原则、范围、责任等内容的规定，又有完备的具体操作程序。20 世纪 40 年代，美国的《联邦刑事诉讼规则》确立了控方向辩方单向开示证据的义务，这时开示的范围还较小。直到 20 世纪 60 年代初，开示范围才扩大到有实质意义的对被告人有利的证据。随后，又进一步改单向开示为双向开示，并具体规定了辩方证据或信息的开示义务。为确保证据开示的顺利进行，美国《联邦刑事诉讼规则》还规定了相应的司法审查制度，即证据开示行为必须受法院的司法审查。法院可以对审判前证据开示的内容和时间加以限制；对审判过程中的证据开示申请作出适当处理；对违反法定开示规则或法院开示命令的行为，给予制裁，并给受害者以适当的救济。

（2）证据开示制度的价值与功能。当事人主义刑事审判模式把发现案件真实的职责分配给了双方当事人，如果按照当事人形式平等原则，应由诉讼双方当事人各自负责独立侦查、收集证据，并且，在庭审中也应个别独立使用其所搜集到的证据。然而，被告一方虽然具有程序主体地位，但相对于不仅掌控侦查权和强制处分权，还有侦查机关协助的检察官来说，其搜集证据能力显然十分有限。因此，当侦查过程中收集到的证据均掌握于检察机关手中时，倘若拘泥于“当事人形式平等”，使被告方不得在审判前查询、阅览检方所持有的证据，实际上是刻意忽略双方当事人的现实差异，必然违背当事人实质平等原则，造成实质不公平。因此，为适当平衡双方当事人之间客观存在的差异，有必要赋予被告或其辩护人查阅侦查程序中所获取的证据的权利，以此来增强被告一方的“防御能力”，确立并维护当事人间的实质平等地位。在当事人主义模式下，证据开示制度主要有以下四种机能：

第一，可促进有效辩护。检察官将其所持有的证据预先向被告开示，被告一方即可在交叉询问程序前作充分的防御准备，反询问权利得以实现。以证人出庭作证为例，检察官预定申请证人出庭作证，如若能使被告预先知悉该证人的询问笔录或该证人的供述笔录内容，被告将可以确切掌握需要防御的方向，庭审时可对证人证言进行有效反询问。

第二，可利用对被告有利证据。“假如申诉的权利要成为一种令人鼓舞的权利，那么它必须让被告有权利知道控告他的案件。他须知道给出了什么证据，有关他的证词是什么，因此必须给他一个公正的纠正和辩驳的好机会。”〔1〕检察官向被告开示其所持有的对于被告有利的证据，可防止证明被告无罪或有利于被告的证据被隐匿，同时，给予被告方便利用的机会。

第三，可防止突袭性裁判。“证据开示的目的是为了防止伏击审判，就是一方掌握某一关键性证据，而另一方一无所知，在法庭审判时掌握证据的一方出人意料地拿出这个证据，而使对方不知所措。这样的做法被认为是不公平的，不利于澄清事实和公正审判。”〔2〕被告仅就其所知悉的证据行使辩护防御权，可避免受到未被告知的证据或事实的突袭。

---

〔1〕［英］丹宁勋爵：《法律的训诫》，杨百揆、刘庸安、丁健译，群众出版社1985年版，第75页。

〔2〕李义冠：《美国刑事审判制度》，法律出版社1999年版，第67页。

第四，可提高审判效率。控辩双方经过证据开示可以及时掌握对方的证据情况，并充分进行庭审准备。还可以明确庭审争议焦点，保证庭审集中迅速进行，减少不必要的争论和争点不明的耗费。

2. 证据规则。非法证据排除规则和传闻证据规则是当事人主义刑事审判模式下最具代表性的证据规则。这些规则的确立都是源于当事人主义对于正当程序的推崇，目的均在于发现真实、保障权利和实现正义。

非法证据排除规则是指对于违法取得的证据，即使具有证据价值，甚至为真实的或关键的证据，均应予以排除。美国联邦最高法院通过判例逐步建立了针对非法搜查、非法扣押、非法窃听以及侵犯被告人沉默权、律师帮助权等行为的非法证据排除规则。另外，对于非法证据的派生证据，还确立了“毒树之果”排除规则。同时，为减少因排除非法证据而带来的负面效果，又确立了一些例外情形，包括不适用于大陪审团审理（大陪审团审理的结果不具有最终效力）、善意例外（出于善意确信侦查行为是合法的）和反驳例外（一些非法的证据不能直接作为认定被告人有罪的证据，但可以用来反驳被告人，证明其前后陈述的矛盾，降低其可被信任的程度）。

传闻证据规则是禁止陪审团采纳传闻证据的规则。传闻证据的要义是用来证明主张事实为真的庭外陈述。美国《联邦证据规则》规定：“传闻是指除陈述者在审理或听证作证时所作陈述外的陈述，提供者用以证明主张事实的真实性。”我国有学者认为，传闻证据是“证人在法庭上所提供的证言不是就亲身感知的事实进行陈述，而是就从他人处听来的事实进行陈述"[1]。对于传闻证据，一般不予采纳。美国《联邦证据规则》第802条规定："传闻证据，除本法或联邦最高法院依法定授权制定的其他规则或国会立法另有规定外，不予采纳。"当然，仅有排除传闻证据还不足以构成完整的传闻证据规则，还应包括若干例外。大致可以分为原陈述者"不必"和"不能"出庭两类。

3. 交叉询问制度。交叉询问盛行于英美法系，是当事人主义刑事审判模式的又一大特点。它是在刑事庭审言词辩论程序中对人证进行调查时所适用的一系列程序规范，重点是由一方当事人或其律师在法庭上对另一方证人进行的盘诘性询问。英美法学者把交叉询问誉为刑事审判中发现真实的一项根本性法律制度。《布莱克法律词典》对这个概念的解释是："在审判或听证中由与传唤证人出庭作证的一方相对立的一方对该证人进行的询问。"[2]《牛津法律大辞典》的解释是："交叉询问是由一方当事人向另一方当事人所提供的证人提出的诘问，一般是在提供证人的一方首先向自己的证人提问后进行的。交叉询问意图使证人改变、修正或撤回提出的证据，使其证据失信，并从证人口中得到于询问方有利的证据。"[3]

(1) 交叉询问的顺序和范围。交叉询问制度具有严格形式要求，不论是询问的顺序、内容，还是提问方式（其中包括主

---

〔1〕北京大学法学百科全书编委会：《北京大学法学百科全书（民事诉讼法学、刑事诉讼法学、行政诉讼法学、司法鉴定学、刑事侦查学）》，北京大学出版社2001年版，第50页。

〔2〕*Black's Law Dictionary*, 7th ed., West Group, 1999, p. 383.

〔3〕[英] 戴维·M. 沃克编：《牛津法律大辞典》，北京社会与科技发展研究所译，光明日报出版社1988年版，第230页。

询问、反询问、复主询问、复反询问等方式），都有严格限制。实务界认为，该机制的大概结构是，由控辩双方轮流交叉询问己方和对方的证人，目的在于通过这种双方反复的询问方式，尽可能地发现事实真相。

第一，主询问。由申请传唤证人的一方当事人首先询问该证人。性质上，属于提供证据，并非质问或询问。换言之，主询问人仅就自己主张的事实，通过证人的言词叙述，寻求法庭采信，目的并非质询。主询问人不一定是检控方。如果是就被告人的犯罪事实举证，主询问人固然是检控方；反之，若是辩方举证，例如辩方提出被告人不在场证据，主询问人则为辩方。主询问并无特别限制范围。关于主询问，美国律师有句名言："一般案件，其输赢决定于主询问"，凡与待证事实具有关联性而没有被证据法则排除的，在不致无谓延长庭审的前提下，均可为主询问范围。

第二，反询问。也就是主询问人的对方当事人，在主询问完毕后进行的询问。反询问的目的在于否定或削弱有利于对方当事人的主张或证言，如有可能，还可增进有利于己方的证言效力。交叉询问制度，实际上是以反询问为重心。而反询问的核心目标就是在于攻击证人的可信性，所以在反询问中，攻击证人可信性，非但美国联邦证据法有明文规定，而且判例中也衍生出诸多可攻击理由。美国律师对反询问也有名言谓："律师之声誉，生于反询问，死于反询问。"

第三，复主询问。主询问人于反询问后，再进行的询问为复主询问。复主询问以交互询问程序已经进行了反询问为前提，换言之，若反询问之一方当事人放弃行使反询问权利，主询问人也就没有机会进行复主询问。复主询问程序并无特别证据规则，原则上与主询问相同。复主询问程序的目的在于，可以使申请传唤证人的一方当事人就对方当事人反询问时提出的疑问，有机会作澄清与解释。所以，不仅就反询问中未询问的事项，复主询问不得提出，而且更不得新提出主询问范围外的新问题。简而言之，复主询问应以反询问的询问范围为限制。

第四，复反询问。反询问人于复主询问后，再进行的询问。与复主询问程序相同，应以交互询问程序已经进行了复主询问为前提。适用于复反询问的证据法则，原则上与反询问相同。

（2）交叉询问程序的法律价值与功能。在当事人主义刑事审判模式中，交叉询问制度占据着极其重要的地位，“对证人进行交叉询问具有一种权利上的属性，交叉询问构筑了正当程序的重要层面。由于把交叉询问作为被告人的一种宪法赋予的重要权利，一旦被告方失去或部分失去交叉询问机会时，被告人就可以寻求一种正当程序救济，这使得证人出庭制度以及被告方的质询权得到实现，使交叉询问得以有效的进行，也使庭审趋于实质化，因为判决的结果在相当程度上取决于庭审中的询问结果”[1]。那么，交叉询问程序究竟有什么价值和功能呢？

第一，发现真实。一是有利于法官判断证人证言的真实性。由于交叉询问实行直接言辞原则，法官可以避免书面审理的局限性，依据证人的表情、声音、姿态等判断证人证言的真实性。同时，证人出庭也会增强证人作证的严肃性和真实性。二是从技术角度讲，控辩双方站在不同立场从不同角度交叉询问，可以保证调查的彻底性，尤其是诱导性询问等技术手段的运用，可以增强发现真实的能力。

第二，实现程序正义。交叉询问程序体现了对被告人主体

---

〔1〕 龙宗智：《刑事庭审制度研究》，中国政法大学出版社 2001 年版，第 311 页。

性地位的尊重，保证了被告方的知情权和平等参与权。在交叉询问制度下，控辩双方成为完全平等的诉讼主体，被告方不仅有权提出本方证人，还有权对控方证人进行充分地询问和质证，充分体现了程序主体性。证人出庭接受交叉询问，控方公开证据信息，保证了辩方的知情权，有利于控辩双方平等对抗。

第三，化解矛盾纠纷。交叉询问制度使控辩双方，特别是辩方平等参与庭审，体现了程序民主。在交叉询问过程中，辩方能够充分地进行举证和质证，对争议或怀疑的问题发表意见，增强整个案件的审判程序公开性和透明性，使纠纷在双方当事人的充分参与下解决，增强了结果的可接受性。

（六）程序分流

程序分流是指刑事案件不进入审判程序，在审前阶段就已终止诉讼，或者虽进入审判程序，但是用简易程序予以处理的情形。当事人主义刑事审判模式的效率性主要体现在程序分流和普通审判程序对目的理性的追求上。虽然普通审判程序集中体现了当事人主义刑事审判模式的基本特征，但这并不必然要求所有刑事案件均须采用此程序处理。相反，当事人主义模式却对对抗性较弱、合意性较强或者轻微案件建立了系统的程序分流机制。据统计，英美法系国家90%以上的刑事案件都是通过程序分流处理的。本书的研究主要围绕普通审判程序展开，为保证研究的全面性和科学性，首先需要对程序分流予以说明。

当事人主义模式强调控辩双方的主体性和处分权，面对日益严峻的刑事犯罪形势，在尊重控辩双方意愿的基础上建立了比较完善的程序分流机制，主要包括起诉裁量权、辩诉交易、刑事和解、简易程序等内容。对于轻微刑事案件，可以通过检察官的不予起诉和暂缓起诉以及法院的简易程序予以分流处理；

对于检察官与被告方以及被害方与被告方形成合意、丧失对抗性的案件，可以通过辩诉交易和刑事和解程序予以分流。程序分流并非当事人主义国家所独有，大陆法系国家为应对日益增长的刑事案件数量，也建立了一系列与英美法系类似的程序分流机制，如起诉裁量制度、认罪协商制度、简易审判程序等等。需要指出的是，两大法系的程序分流机制产生的动因和法理基础存在较大区别。英美法系的动因是当事人的处分权和案件压力，大陆法系则主要是案件压力；英美法系分流机制的法理基础是当事人的主体性和合意性，大陆法系的基础则主要是法定性。在英美法系国家，只有少数案件进入普通刑事程序，绝大多数案件都是通过分流程序予以快速处理。起诉裁量权和辩诉交易已在前文重点描述，下面专门介绍简易程序和刑事和解。

1. 简易程序。简易程序没有一个统一的、标准化的定义。根据《布莱克法律词典》，相对于普通程序，“简易程序指不经检察官起诉、陪审团定罪或者普通法正常程序所要求的其他程序，法官直接以迅速、简单的方式处理争议，解决案件，作出裁判的任何诉讼程序”〔1〕。

在美国，简易程序一般被区分为轻微犯罪案件程序和辩诉交易程序。前者赋予了被告较大的程序选择权，在被告人同意的情况下，对法律规定的轻微罪案件，可由初级法院（主要是治安法院）进行简化程序、快速审理，并立即裁判。后者则指法官根据控辩双方的协议，进行审查后，直接予以定罪量刑的程序。简易程序的主要特点是程序简化和期限较短。预审和陪

〔1〕 王国枢、项振华：“中外刑事诉讼简易程序及比较”，载《中国法学》1999年第3期。

审团审判等程序被简化，被告在特殊情况下还可以交付确定的金钱来替代出庭和同意终结诉讼，法官无需经过额外的诉讼程序就可以接受有罪答辩和进行现场科刑。简易程序的审理期限较短，对于被告人作有罪答辩或者不辩护也不作认罪答辩的，一般会迅速审理并立即裁判。相反，如果被告人作无罪答辩的，期限会适当延长，但也会及时裁判。所以，该程序也常被称为“装配线”司法。[1] 英国的现行简易程序类似于美国，包括治安法官的简易审判和辩诉交易两种。主要特点为：治安法官不仅可以决定法律问题，还可以决定事实问题；出庭律师和事务律师都可以出庭；被告人在法定情形下可以不出席法庭审判。在英国简易审判所占比重也非常大，95%的刑事案件是由治安法院完成的，其中又有75%是简易审判。[2]

2. 刑事和解。刑事和解制度伴随恢复性司法理念的兴起而不断发展，是被害人与被告人主体性的重要体现。一般而言，刑事和解就是被害人与被告人之间通过自主协商，达成协议，解决纠纷的过程。有学者从方式和后果角度更为具体地指出，刑事和解是指“在刑事诉讼程序运行过程中，被害人和加害人（即被告人或者犯罪嫌疑人）以认罪、赔偿、道歉等方式达成谅解以后，国家专门机关不再追究加害人刑事责任或者对其从轻处罚的一种案件处理方式”[3]。也有学者从主体、程序性质和过程角度对刑事和解予以解读，指出在西方各国，刑事和解是

---

〔1〕［美］爱伦·豪切斯泰勒·斯黛丽、南希·弗兰克：《美国刑事法院诉讼程序》，陈卫东、徐美君译，中国人民大学出版社2002年版，第303页。

〔2〕中国政法大学刑事法律研究中心组织编译：《英国刑事诉讼法（选编）》，中国政法大学出版社2001年版，第85页。

〔3〕黄京平、左袖阳：“刑事和解借鉴之分析”，载《当代法学》2008年第1期。

一种“由警察、检察官、法官、社区自愿人员、教会成员主持的非诉讼程序，一般未被纳入正式的诉讼程序中。但是，各国刑事立法都规定对刑事和解的结果——和解协议予以审查确认，并将其作为刑事裁量的依据，能够适用于侦查、起诉、审判和刑罚执行各阶段，同时也成为轻微犯罪发生之后、刑事程序启动前的由社区负责的纠纷解决机制”〔1〕。

在英国，刑事和解主要适用于青少年犯罪案件，除此以外，对于轻罪案件、成年人犯罪案件，甚至一些严重犯罪也可以适用。〔2〕以青少年犯罪案件为例。执法机关在确认犯罪事实和赔偿意愿后，会召集加害方和被害方进行协商，明确犯罪行为及其给被害人造成的危害后果（物质上的和心理上的），随后，执法官员会对双方进行调和，形成一个双方均可接受的赔偿方案。根据协议，对犯罪嫌疑人作出从轻处理。英国的刑事和解不仅贯穿于起诉和审判阶段，还延伸到了执行阶段。美国的刑事和解则是通过被害人与加害人的和解计划实现的，目前这样的和解计划有数百个。在美国，不论轻罪案件，还是重罪案件都可适用刑事和解。而且，从刑事和解的发展趋势看，越来越重视被害人权益的保护。一方面在辩诉交易中，在检察官与辩方谈判协商的基础上，更加关注被害人的意愿和被害人与加害人之间的谅解协议；另一方面，在量刑程序中，被害人意见陈述的影响作用也越来越大。

---

〔1〕 向朝阳、马静华：“刑事和解的价值构造及中国模式的构建”，载《中国法学》2003 年第 6 期。

〔2〕 参见［英］麦高伟、杰弗里·威尔逊主编：《英国刑事司法程序》，姚永吉译，法律出版社 2003 年版，第 480 页。

刑事审判模式经济分析的理论基础

在经济学中，一切经济问题的根源均在于稀缺性。所谓稀缺性就是指人们想要的东西永远超过他们所拥有的或他们所可能拥有的东西的现象。可以说，经济学最根本的性质是在讨论稀缺性相关的课题。稀缺性所产生的结果就是，人无法得到想要的所有东西或数量，因此，每一个人在每一个时点都必须从事选择，作出取舍，为了获得某些东西，就得舍弃其他东西。而这些被舍弃的东西，就是人们在决定拥有所选取的东西时所支付的代价或成本。由此可知，任何取舍的选择，都必须支付代价。经济学家提出一套理论来讨论人们的选择行为，称之为理性选择理论。经济学成为一种行为科学，其特征不在于研究对象，而在于研究方法。该方法主要用来研究如何选择具有多种用途的有限资源。所以，从广义上讲，经济学是研究人类所有的决策行为，因为任何一项决策都要有所取舍，都是一种选择。综上所述，经济学探讨的对象不仅包括一般人所理解的金钱或财货，也包括其他人们的决策行为。因此，经济学之本质即是研究在一个资源有限的世界中如何进行理性选择的学科。

法经济学的一般定义是："应用经济学的理论和方法来检验法和法律制度的形成、结构、演化和影响。"[1] 另有学者更具体指出："法律经济学是用经济学的方法和理论，而且主要是运用价格理论（或称微观经济学），以及运用福利经济学、公共选择理论及其他有关实证和规范方法考察、探究法律和法律制度的形成、结构、过程、效果、效率及未来发展的学科。"[2] 法律经济学最早出现在1776年亚当·斯密的《国富论》之后。大约在18世纪中期，边沁就运用经济学理论研究犯罪行为与惩罚之间的关系，后来的霍姆斯等法官对美国的法律与经济做出了许多新的诠释。在20世纪60年代以前，法律经济学仍集中关注于反托拉斯法，也有少部分成果涉及了公司法等商法领域。法经济学真正兴起于20世纪60年代后，是法学和经济学的交叉学科。科斯发表了"社会成本问题"一文，主要探讨了财产权的界定，相关理论被称之为"科斯定理"。之后，波斯纳等学者又将经济分析方法运用到合同法、民法、婚姻法、侵权法、刑法、行政法等其他法律领域。在实践中，法律经济学的思想也得到了应用。美国在20世纪80年代解除了对航空和铁路票价的管制，波斯纳等一些联邦法院法官也将法律经济学的观点运用到了审判中，作为判决依据。在科斯、波斯纳等人的推动下，法

---

〔1〕 Rowley, Charles K., "Public Choice and the Economics Analysis of Law", in Nicholas Mercuro (ed.), *Law and Economics*, Boston: Kluwer Academic Publishers, 1989, pp. 123~173.

〔2〕［美］理查德·A. 波斯纳：《法律的经济分析》（上），蒋兆康译，中国大百科全书出版社1997年版，第3页。

经济学高举效率旗帜，以理性选择理论为依托，对法律制度和法律行为进行深入剖析，并提出了建设性的改革建议，丰富了法学理论和实践。

刑事审判模式是司法制度的一种选择，具有法律制度和规则属性，体现着人类行为的价值追求，对其进行经济分析，挖掘蕴含其中的经济理性和规律，对于改革和完善我国刑事审判模式必然具有重要的学术意义和实践价值。

一、刑事审判中的理性选择

（一）理性选择理论

经济分析的独特性在于其有一个统一的人性假设——理性人。理性概念是一个多层次多含义的概念，哲学意义上更多强调的是形式理性，即手段与目的一致性。此处所指的“理性”，不必然与合法、合乎道德划上等号，即使目的是反社会的，并且手段是不道德的行为，亦可能归为理性行为。经济学则对理性做了更进一步的限定，把目的集中于效用和利益上，认为理性是指经济个体不会浪费或放弃任何可以达到追求目的的机会并会选择成本最小或效用最大的理性的决策模式。这个假设可说是经济模型和其他社会科学模型的最大差别所在，也是现代微观经济学的核心理论。著名的预期效用理论把决策者追求的目标锁定在效用上，把实现效用最大化作为行为选择的依据。在效用不确定的情况下，要求决策者借助概率分布，评估不同方案之间的预期效用，再做出选择。同时，更强调比较的可行性，要求效用函数具有通约性、可传递性、占优性和偏好不依赖于选择程序的无关性。财富最大化理论更进一步将效用理解为物质财富，把目标限定为最大化行为人的经济利益。同时，对理论的使用范围也做了限定，认为由于缺乏可以通约的计量单位，非市场制度使用这个假设有很大困难。[1]

经济学上的理性选择理论有四个假设：一是行为人具有完全的偏好，且偏好是有序的；二是行为人可以获得充分的信息，足以消除选择的盲目性；三是行为人有足够的智力能力，能够进行所需的记忆和计算；四是行为人能够对各种可能的行动方案做出比较，衡量成本和收益，最终选择净收益最大的方案。从上述阐释可以看出，理性选择理论在方法论上坚持了个人主义，这也成为了微观经济学的基础，决策者个人根据成本—收益比较进行行为选择。实际上，“经济学这门学科的最基本层面上的对象并不是金钱或经济，而是经济人的理性选择即约束条件下的最大化问题”[2]。最重要的是理性选择理论彻底地坚持了效率价值观，要求个体决策者追求目标与手段之间的均衡状态，这种状态就是以自我利益最大化为唯一标准选出最佳行动方案，并不再有动机去为了改变这种状态而选择其他行动方案。

理性选择理论的核心观点是：①行为人是自身利益的最大化者，也是自身利益的最佳判断者。只有在行为人同意或者自愿的基础上，才能实现利益最大化的均衡，行为人也才有动力去维持这种均衡。②经济运行的目标是追求所有行为人同时实现利益最大化的均衡状态，这样才能实现全社会资源的最优化配置。③实现资源优化配置的根本途径是构建行为人自主决策

---

〔1〕 Ulen, Thomas S. , “Rational Choice Theory in Law and Economics”, *Encyclopedia of Law and Economics*, 1999, http: //www. Lawecon. lp. findlaw. com.

〔2〕 [美] 大卫·弗里德曼：《经济学语境下的法律规则》，杨欣欣译，法律出版社 2004 年版，第 1 页。

的市场体系。自愿谈判是实现效率的最佳途径。构建的市场体系要能够促进行为人之间的自愿谈判、降低交易成本。

（二）刑事审判中的理性假定与非理性诉求

刑事审判的社会目标是解决纠纷，恢复秩序。能否实现与两个因素有关：一是裁判具有正当性；二是裁判本身能够获得理性情感上的认可。就认知本质而言，裁判能否获得当事人和社会公众一般意义上的认可，属于主观的范畴，受道德、文化、法治、价值观等综合因素影响，法官很难预测和控制，甚至当事人和公众自身都无法准确把握。但是，不论审判过程怎样纷繁芜杂，掠去枝蔓，我们都可以找到这一过程的本质约化，即：审判的所有参与者都是理性的，对影响审判的多种因素能够正确地认识和评价；参与者在最大限度地追求着自身效用。

但是，理性假定可能会使研究结论不能适合全部的纠纷解决，其不完美之处就在于实践中存在诸多相悖的例外情况，而假定本身也是默认这些例外的，否则就没有必要假定了。例如，心理学家就是有力的反对者，他们宣称："人类行为以非理性为特点，经济学上的理性人在现实世界中很少见，即使在经济市场上也是如此，就更不要说在这些市场之外了"[1]。毋庸置疑，心理学的主张在人类行为中存在广泛的市场，甚至蔓延到司法领域。纠纷解决和秩序维护在本质上属于社会问题，非理性因素在维系社会秩序和解决纠纷中的作用是不可替代的。非理性基于人类本性而生，容易引起共鸣，从而构成社会秩序得以维系的道德基础，在审判过程中形成挑战理性的心理力量。然而，

---

〔1〕［美］理查德·A. 波斯纳：《法律理论的前沿》，武欣、凌斌译，中国政法大学出版社，第233页。

刑事审判的哲学本质和科学基础应是追求包括公平与效率在内的一切价值最大化的理性之治。

刑事审判过程的主要参与者有法官、检察官、被害人、被告人、律师等主体，他们参加到诉讼中来均在追求各自的“理性”。例如，被传统司法观念认为具有超然性和中立性的法官在审判中也是追求自身“效用”（消费者在消费商品时所感受到的满足程度）最大化。[1] 这些效用包括：个人威望、待遇、职业满足感、整体福利的增进、当事人诉求的满足、社会秩序的稳定，等等。这一分析当然也是适用于同样作为公职人员的检察官，只是“效用”具体内容的细小差别而已。而作为当事人的被告人和被害人除了追求传统观念中的公平与效率外，更重要的是物质和精神利益等“效用”。而作为诉讼代理人和辩护人的律师更是一个市场化程度极强的职业群体。他们的最终目标就是自身经济收益最大化，而自身名望、当事人的利益以及对法律精神的追求都成了追求自身利益的手段。因此，“诸如最大化、均衡和效率之类的经济概念是解释社会，尤其是解释理性的人们对法律规则的反应行为的基本范畴”[2]。

二、效率与正义具有统一性

正义与效率是法律的核心价值，二者的关系是法理学的一个终极命题，也是我们研究刑事审判模式的基础问题。关于正

---

〔1〕 高鸿业主编：《西方经济学（微观部分）》（第3版），中国人民大学出版社2004年版，第70页。

〔2〕 [美] 罗伯特·考特、托马斯·尤伦：《法和经济学》，张军等译，上海三联书店、上海人民出版社1994年版，第13页。

义与效率的关系问题，大致有以下几种观点：一是正义与效率对立论。“在正义和效率之间存在着一种本质冲突，因而，不可能既获得高效率，又不出现任何形式的社会不公。”[1] 二是正义与效率主次有别论。比较有代表性的有：①正义优先论，强调“正义是效率的必要条件，效率是正义的必然产物，正义决定效率的高低”[2]。②效率优先论。如厉以宁所指出的，不论从什么角度着眼，应当放在优先地位的是自发性质的生产要素供给者个别的努力和主动性、积极性，而不是外来干预性质的社会权威机构或政府的参与。也就是说，效率无疑是应当被置于优先的位置上。三是正义与效率相辅相成论。正义和效率是内在统一的，效率是正义的基础，正义是效率的前提。强调正义和效率同等重要，没有先后次序之分，也没有轻重之别。在本书的法经济学视角下，应该对二者的概念、内涵和相互关系进行重新审视。

（一）正义具有效率的含义

古典正义理论旨在建立一套全面的关于人生价值的理论，并使之成为人类所有生活领域的道德理想。柏拉图在《理想国》中提出：“正义就是社会中各个等级的人各司其职，各守其序，各得其所。”[3] 亚里士多德认为，正义大体可以二分。一是所

---

[1] 王锐生：“对效率与公平关系的历史观审视”，载《哲学研究》1993 年第 9 期。

[2] 李风圣：“公平还要兼顾吗”，载《读书》2003 年第 5 期。

[3] 万物皆有本质或本性，不同本性的人应该分别从事合适其本性的工作，这是理想国的建构原则。我们每个人都不能自足，由此带来的一个后果就是，人们相互之间需要服务。由于有种种需要，我们聚居在一起，成为伙伴或帮手，我们把聚居地称为城邦或是国家。参见［古希腊］柏拉图：《理想国》，郭斌和、张竹明译，商务印书馆 1986 年版，第 433 页。

谓的“普遍的正义”，就是服从法律，不守法就是不正义。就此而言，“它作为一种德性涵盖整个人生，这与他相信城邦法律具有积极的教育功能有关（虽然不能说法律直接地指导德性）。因为法律体现城邦公民们、高贵的人以及有权力的人的共同利益，即：幸福，而且它是政治共同体的结构成分”〔1〕。二是所谓的“特殊的正义”，可以再细分为分配正义与矫正正义。分配正义是城邦根据几何比例，分配善之物给公民，这种比例是以功绩为标准。矫正正义又可再区分为自愿的交涉与非自愿的交涉。前者如同买卖、借贷、质押、储金、让渡之类的纠纷处理，在法学上，相当于民法的主题；后者牵涉秘密行为的处置，如强暴、禁锢、谋杀、抢劫、伤害、毁谤、作伪证，相当于刑法的范畴。

到了近代，大卫·休谟（David Hume）〔2〕的正义观深刻地反映了英国进入资本主义发展时期的观念。休谟的知性论认识前提和情感主义道德观为其正义论奠定了深厚的理论基础。“从正义的起源看，正义源于人的自私和有限的慷慨以及自然为人类需要所提供的不足供应。自私是正义的原始动机，而同情又是我们对正义表示道德赞许的来源。从正义的性质看，由于正义是应付人类的环境和需要所采用的人为措施或设计，因此，

---

〔1〕 Aristotles, *Nicomachean Ethics*, (tran. and ed.) by Roger Crisp, New York: Cambridge, 2000, p. 82.

〔2〕 苏格兰的哲学家、经济学家和历史学家。他被视为苏格兰启蒙运动以及西方哲学历史中最重要的人物之一。他在《道德和政治论文集》中强调温和派立场在政治上的重要性。休谟认为社会最好是由一套普遍的且公正的司法体制所治理，并且根基在“狡猾的”契约原则上设计。休谟比较少注重这些维护法律的政府形式应该为何，他认为只要政府能够保持公正便是好的政府，虽然他也觉得共和国在这方面会比君主国要来的有效。

正义属于人为之德。正义的作用在于通过让人们履行保护财产权的三大规则，进而保护人们的财产所有权。作为实施正义法则的工具——政府的成立，进一步强化人们对正义法则的遵守，对维护社会秩序的稳定起到了促进作用。"[1] 休谟认为公共福利是正义的唯一源泉；他断定正义是关于人类基本福利的一些道德规则，而所谓正义就是“使每个人各自获取其应有物的一种恒常和永久意志”。随着资本主义的发展，对个人自由追逐利润的信仰使功利主义思想逐渐占据了主导地位。代表人物边沁认为，趋乐避苦是人性的规律，凡是能促进“最大多数人的最大幸福”的行为都是符合功利原则的。功利最大化应该是立法活动的根本目标，具体体现在“安全”、“生存”、“富足”、“平等”四个方面。他认为，法律上的机会均等可以促进经济效率，财产上的平等分配违背效率，财产的不平等才是人类发展的前提。

在罗尔斯看来，社会应看做是一个自由与平等的公民为了各自利益而进行合作的事业。“大家都想要一起来建立一套共同必须遵守的规则；也就是说，由前社会期进入社会。这样做对大家都是有利的。我们可以用博弈论的话来说，建立社会乃是一种总值非零的游戏。"[2] 在这一意义上，社会基本结构就是公共规则体系，制度参与者共同遵守的基本规则即是应用于社会基本结构中的正义原则，而基本规则规范着成员们的公共生活，即便成员们能够自行制订与运用次级规则。如果把社会了

[1] 张秀英：“论休谟的正义观”，华南师范大学2007年硕士学位论文，第6页。

[2] （台）石元康：《当代自由主义理论》，联经出版事业公司1995年版，第114页。

解成一个为了实现个人利益的合作体的话，显然，我们需要一组规则来规定这项合作要如何进行，它是维持社会存在及运作的不可或缺的基本要素。罗尔斯提出“两个正义原则”作为规制社会的原则，一般是将第一个正义原则称为“平等自由原则”；第二原则之（a）称为“差异原则”，（b）称为“公平之机会平等原则”。

从上述正义观的历史演进，我们可以清晰地看出，无论是亚里士多德“普遍正义”下的幸福观和“分配正义”下的功绩观，还是休谟的福利正义观和边沁的功利主义，以及罗尔斯的机会均等等正义原则，无不生动地体现着效率的标准。可以说，正义观的演进过程中，始终是以效率作为重要诠释内容的。正像庞德所指出的：正义“意味着那样一种关系的调整和行为的安排，它能使生活物资和满足人类对享有某些东西和做某些事情的各种要求的手段，能在最少阻碍和浪费的条件下尽可能多地给以满足”[1]。或者干脆说“正义的第二种含义——也许是最普遍的含义——是效率”[2]。

（二）效率包含正义因素

“效率”一般是指投入与产出或成本与收益之间的关系。西方经济学家多是从资源的有效配置角度来论及效率的。资源是稀缺的，同一资源可用于多种用途的选择，人们为了获得最大收益会对资源进行重新配置。当资源从较少的用途转到获利较

〔1〕［美］罗斯科·庞德：《通过法律的社会控制——法律的任务》，沈宗灵、董世忠译，商务印书馆1984年版，第35页。

〔2〕［美］理查德·A. 波斯纳：《法律的经济分析》，蒋兆康译，中国大百科全书出版社1997年版，第31页。

多的用途时资源配置效率就提高了。经济学家所普遍采行的效率定义是“指社会资源分配的情形，重分配无法使某人更好而不伤害其他人，或资源不管再怎么重新配置使用，都没有办法使某些经济个体获致更高的利益，而同时却不损及其他经济个体的利益”[1]。此外，也有学者从不同角度对效率做了诠释。卡尔多在《经济学的福利命题和个人间用的比较》中提出了卡尔多效率标准，即一种经济变化使受益者的收益补偿受损者的损失后有所剩余。希克斯进一步指出，效率意味着社会福利的改进。

学者常以“分割蛋糕”比喻正义与效率的关系。效率意味着“蛋糕大小”，正义表示“分割办法”。法律一方面要追求效率，把蛋糕做大做好，另一方面要维护正义，确保蛋糕合理分配。效率旨在以最有效的方式扩大正义基础，如果没有效率做大“蛋糕”，也就没有正义的分割。这个比喻比较形象地揭示了正义与效率的关系，但是并不全面。比如，“分割办法”必须是合理的，而这种合理不仅仅是正义的问题，还包括效率标准。只有按照最优的标准分配，才能够实现资源优化配置，才能激发激励因素，进一步做大“蛋糕”。因此，效率不仅包含生产、交换，还包含分配因素。在分配环节的效率与正义就有了一致性。正如波斯纳所言，“判断行为和制度是否是好的或公平的，在于它们是否有助于增加社会财富”[2]。

更进一步说，法律的最终目的就是增进人们的福利。福利

---

〔1〕 陈正云：《刑法的经济分析》，中国法制出版社 1997 年版，第 24～25 页。

〔2〕 [美] 理查德·A. 波斯纳：《法律的经济分析》，蒋兆康译，中国大百科全书出版社 1997 年版，第 30 页。

最大化的主要障碍便是资源稀缺问题。因此，资源不合理利用对于稀缺社会来说就是最大的不正义。优化资源配置，最大限度地增加社会财富，通过财富最大化实现福利最大化，就应该成为正义的标准之一。正如贝卡里亚所言：“如果人生的善与恶可以用一种数学方式来表达的话，那么良好的方法就是引导人们获得最大的幸福和最少的痛苦的艺术。”〔1〕而且，法律关系中的各种主体也都是自身利益最大化者，他们按照正义的原则追求利益，同时在利益追求中促进正义的实现。这样，正义也将变得更加具体、明确，避免过分道德化。正像霍姆斯所指出的：“过分地从道德词汇中用词是误解法律的圈套。”事实上，误解了法律也就误解了正义。正义只能放在效率的背景下，才能实现波斯纳所苦苦追寻的“法律与现实的最佳结合”。所以，大卫·弗里德曼针对正义与效率之间的关系精辟地指出：“在很多情况下，我们认为是公正的原则正好符合那些根据我们的观察是有效率的原则。这意味着一种推断，即我们所称的那些正义的原则可能实际上就是产生有效率的结果所需的各种原则的重要组成部分，是一些被我们内化了的原则。”〔2〕

三、刑事审判模式经济分析的理论视角

刑事审判模式从静态角度讲，是一种结构，由控辩审三方为实现特定刑事审判价值而组成的结构；从动态方面讲，又是

〔1〕［意］切萨雷·贝卡里亚：《犯罪与刑罚》，中国大百科全书出版社1993年版，序言。

〔2〕［美］大卫·弗里德曼：《经济学语境下的法律规则》，杨欣欣译，法律出版社2004年版，第20页。

一个过程，是多个组织和个体按照一定的程序规则通过交流互动实现特定价值的过程。对其进行经济分析涉及了经济学理论中的交易成本论、博弈论、公共选择论等多个视角。

（一）交易成本论

科斯借助“交易成本”概念，研究了法律制度与资源配置之间的关系。交易成本分析方法就是在交易成本不为零的时候，如何分析制度效率高低的方法。制度具有生产性，运行的交易成本越小，效率就越高。主体根据最大化原则在不同的法律制度之间按照交易成本的大小进行选择，以实现社会福利的最大化。科斯指出，在一个零交易费用的世界里，不论如何选择法律，配置资源，只要交易自由，总会产生高效率的结果。而在正交易成本的现实世界里，产权初始分配状态不可能通过无成本的交易向最优状态变化（科斯定理）。交易成本的影响包括了成本实际发生的直接成本和避免成本发生的机会成本。制度安排的核心应是解决交易成本和外部性问题，能实现交易成本最小化的法律是最适当的法律。“合法权利的初始界定会对经济制度的运行效率产生影响。一种权利的调整会比其他安排产生更多的产值。”〔1〕

交易成本是交易过程的成本。一个交易过程包含确定交易对象、与交易对象协议及对达成之协议加以执行等三个步骤，其中执行包含监督参与者的表现和处分违反协议者。法律领域的交易成本是指在缺乏法律调整或者法律调整不当的社会中，社会成员之间为了追求自身利益最大化而进行各种交易时所要

〔1〕［美］科斯：“社会成本问题”，载［美］科斯、A. 阿尔钦、D. 诺斯等：《财产权利与制度变迁》，上海三联书店、上海人民出版社 1994 年版，第 20 页。

支付的成本，主要有：产权保护成本、信息搜集成本、谈判成本、执行成本、外部成本、机会成本等。

1. 信息搜寻成本。是指由于资本市场内充斥着各式的交易形态，交易参与者欲取得交易相对人有无资力、信用，商品和服务的形态、数量等交易条件相关信息所必须付出的代价。其中，在独特的商品和服务上信息的搜寻成本是相当高的，而在标准化、规格化的商品或服务上搜寻成本通常是较低的。

2. 议价成本。在一份将要订立的协议中，如果双方当事人皆知道彼此的保留价值和合作结果，那么，此协议的信息称为公开信息。反之，仅一方参与者知晓这些价值时，则为私有信息。在信息公开的情况下，协议参与者知晓其保留价值和合作结果，便可评估合理的合作条件，进而降低协议的困难，促进协议达成。反之，当保留价值和合作结果价值的信息是私有的、不公开的，在评估合作的合理条件之前，协议参与者必须耗费大量信息搜寻成本将许多私有信息转成公开信息，在此情况下较高的议价成本将阻碍协议的达成，因此较难达成协议。

3. 执行成本。执行成本（enforcement costs）系指协议完成后，若该协议需要履行期间时，则协议内容的后续执行必须付出成本，例如，目标物的运送、保管、移转等。若协议不需要履行期间就没有执行成本，例如，实时交易。

4. 外部成本。外部性（externality）是重要的经济学概念。在经济活动中，某些产品的消费或生产会影响到行为人以外的第三者，他们或者因此获利而无需负担费用，或者遭受损失而无法要求补偿。其中，当行为人的生产或者消费行为给社会或其他非受益者带来间接成本负担时，该成本通常被认为是该行为造成的外部成本。

5. 机会成本。机会成本表示个人的行为选择中，为了获得某种利益而必须舍弃的另一种利益。在经济学中，选择的代价或成本，不是所放弃的全部选择的收益总和，而是所有放弃的选择中价值最高的，该放弃的选择称为机会成本。机会成本正是稀缺性的具体反映。机会成本调节着稳定偏好所带来的冲动，并以最大效益为依据决定个人社会行为的选择。

交易成本与法律制度的连结点是权利。交易是权利变化的条件，而权利变化则是交易的目的和结果。要实现资源优化配置，必须通过法律降低交易成本。在交易成本过高的情况下，波斯纳指出："如果市场交易成本过高抑制交易，财产权利应赋予对它净值评价最高的人"〔1〕。波斯纳的观点是建立在以下假设之上的："①个人的行为是他们在特定法律限制条件下进行成本—收益分析后选择的结果，他们对一定权利的不同估价是其交易发生的原动力；②法律制度的运行会给当事人带来收益和成本，因此，可用最大化、均衡和效率等经济学概念来评价法律行为；③财产权利界定清晰可以降低交易费用。通过制定法律降低权利让渡成本，可以促使资源流向使用效率高者，从而提高经济运行效率。"〔2〕

基于交易成本理论，我们认为，不同的法律制度会带来不同的交易成本，法律制度的必要性在于节约交易成本。节约交易成本的最重要措施是明确界定主体的地位和权利，为主体行

---

〔1〕［美］理查德·A. 波斯纳：《法律的经济分析》，蒋兆康译，中国大百科全书出版社1997年版，中文版序言第20页。

〔2〕冯玉军："法经济学范式研究及其理论阐释"，载《法制与社会发展》2004年第1期。

使权利扫除障碍，保障主体能够在追求个人利益最大化的同时实现社会资源的最优化配置。所以，从交易成本意义上讲，在交易成本为正的刑事审判活动中，刑事审判模式的选择就是要降低交易成本，以及比较不同权利赋予格局（制度）的产值，从中选择最大化者，将权利界定给最有效率的使用者。同时，还要妥善维护各诉讼主体的权利，并为权利的自愿交易创造条件，扫清障碍。

（二）博弈与均衡论

博弈论，是研究当行为发生直接相互作用时，主体如何决策以及这种决策的均衡问题的，即当一个主体的行为选择受到其他主体行为选择的影响，而反过来又影响到其他主体选择时的决策与均衡问题。[1] 换句话说，博弈论研究的核心就是个体理性与集体理性的冲突与平衡问题。概念上，博弈论包括参与人、行动、战略、信息、支付函数、结果和均衡等层面。参与人是博弈中通过行为选择以实现自己效用最大化的决策主体；行动是参与人选择时的决策变量；策略是规范参与人如何选择行动的规则，决定不同情况下的不同选择；信息是参与人掌握的包括对方特征和行动在内的一系列可用在博弈中的知识；支付函数是参与人可以从博弈中获得的效用，是博弈中所有参与人的战略和行动的函数；结果是博弈分析所感兴趣的所有要素的集合；均衡是一种状态，表示所有参与人的最优战略（行动）的组合。

博弈论是研究“理性人的互动行为”的学科，对策行为是

〔1〕 张维迎：《博弈论与信息经济学》，上海三联书店、上海人民出版社 2004 年版，第2、7页。

其基本观点。“博弈的基本特征是群体性、互动性、策略性和理性。”[1] 其特点是对策行为的选择不仅是自身约束条件的函数，而且还是其他参与人行为的函数。在既定的环境中，任何一方的行为选择，既要考虑自身因素，还要考虑他人行为，同时也必定会影响到其他人。参与人在利益最大化的驱动下，通过相互博弈达到了谁都不愿意改变的均衡状态，因为任何改变将会使一方受到损失。从此意义上讲，当事人主义刑事审判程序就是控辩双方、被告人与被害人、控审机关之间信息交流和策略互动的过程，也是他们之间相互争斗或妥协共同得出裁决的过程，更是一个个体理性与集体理性冲突与衡平的博弈过程。

（三）公共选择论

公共选择学派利用经济学的基本假设和分析逻辑来研究政治活动，将市场制度中的政府行为纳入经济人模式分析的轨道，对于公共决策过程与官僚行为皆有深入的见解和主张，特别是对于政治决策与行为建立了可检验的假设和预测。因此，公共选择理论是建构在经济理论上的政治行为观点。

公共选择与私人选择的区别，并非在于引导公共选择的动机不同于引导私人选择的动机，而是在于在私人市场中，自利的选民与政客所做的选择主要影响他们本人，而在政治市场中，自利的选民与政客的选择主要影响到他人。所以，行为人不论在私人市场亦或是政治市场，皆会采取理性与自利的反应去行事，这也是公共选择理论所依据的准则。

公共选择理论的基本假设是：人是理性的，且其行为目的

〔1〕 张维迎：《博弈论与信息经济学》，上海三联书店、上海人民出版社2004年版，第6页。

都是追求个人利益最大化，即使是政客、官僚一样都是经济人，均以个人利益最大化为目标。可从以下几个方面理解：①自利。个人在做决策时，会先考虑到自己的利益，因此，自立并不排除利他行为，只是人们在做公益或帮助他人时，仍会优先考虑到自己利益。这种动机使官员在政治过程中，像在经济市场上一样，追求个人利益最大化，并导致公众利益的扭曲。②理性。个人在面对各种方案选择时，可以经过充分的比较，选择最佳的方案。此项假设的基本前提是，人们知道自己的偏好，拥有完全的信息可对各种方案的成本收益作比较，以及人们是追求利益最大化者。③交易。把政治看做是一种个人相互交易的市场，并用新古典经济理论对其进行分析。公共选择的经济人假设和政治交易理论，将人类行为的两个方面——经济决策和政治决策，纳入了统一框架中。其中，“政治制度”类似市场制度，“政治家”类似企业家，“公民”类似消费者，“选举制度”类似交易制度，“选票”类似货币，两种行为具有统一的内在动力和行为模式。④目的。分析有关政治活动，通过分析指出在公共政策制定与决策过程中的政客、官僚集团与利益集团相互博弈的现代政治行为模式，使人们对政府产生质疑，进而使人们相信要缩小政府活动的范围。⑤学习与制度。在信息不充分的情况下，面临不确定性风险时，可能有多组解决方案，这时人们会试图从过去的经验中不断学习，了解真相，同时发展出降低不确定性与风险性的办法。人们为了降低交易成本会设计出各种组织性与制度性安排，如市场制度、法律规则、商业惯例等。

公共选择理论认为，官僚是政治运作的主体，他们的行为往往以隶属机关和个人的利益最大化为宗旨，可能给社会福利造成损害。“政府失灵”就是例证，具体体现在公共产品的供给水平低、供给数量过多、供给成本过高等方面。公共部门只有通过改革体制，增进社会民主，恢复自由竞争，才能提高效率。在现代刑事审判模式中，法官、检察官等公权力代表，同样是具有官僚的性质，其行为选择不可能完全以正义为取向，不可避免地会追求机构和个人效用最大化，特别是在自由裁量权的行使过程中。其结果必然造成正义供给的“无效率”，即“司法失灵”。

（四）福利经济学

所谓福利，简单地说是指人的幸福或快乐。福利经济学的研究目的是，“力图制定一些原理，根据它们，可以判断某一经济状态下的社会经济福利高于或者低于另一经济状态下的社会福利”[1]。边沁的功利主义原则是福利经济学的哲学基础。功利主义包括两个基本原理：一个是功利原理（幸福最大化），即人的天性在于追求幸福，社会应以最多数人的最大幸福为道德准则。另一个是自利选择原理。个人是其幸福与否的最好判断者。因此，政府应最低限度地行使干预权力，经济上应该实行自由政策。

福利经济学的发展主要经历旧福利经济学和新福利经济学两个阶段。旧福利经济学的主要观点有：①福利是人们对享受、满足或效用的心理反应或主观评价。福利有社会福利和经济福利之分。它用边际效用分析法来衡量经济福利。②把福利经济与国民收入等同起来，认为国民收入总量愈大，经济福利愈大。③依据边际效用递减规律，主张收入均等和财产转移。认为，把富人的一部分货币转移给穷人将会增加效用，进而增加社会

〔1〕 黄有光：《福利经济学》，中国友谊出版公司1991年版，第6页。

福利。④主张按照“边际社会纯产品等于边际私人纯产品”的原则配置资源，达到社会经济福利极大化。新福利经济学认为：个人是自身福利的最好判断者，所有个人的福利构成了社会整体福利。如果任何改变都不可能在不使其他人处境变坏的情况下带来某个人的境况变好，那么这种状态就达到了帕累托最优。补偿原则是新福利经济学的重要内容之一，主要包括卡尔多—希克斯理论、西托夫斯基理论、李特尔理论等。这些理论的核心论点是，如果任何一种改变，使一部分人的福利增加，同时使另一部分人的福利减少，只要增加的福利超过减少的福利，社会福利也可被认为是增加了。“社会福利函数”论是在批判继承“补偿原则”论的基础上形成的一种新福利经济学理论。社会福利函数论者认为，帕累托最优状态并不唯一，要达到唯一最优，除了交换和生产的最优条件，还必须要在个人之间合理分配福利。

（五）行为法经济学

行为法经济学源于西蒙对经济学中的“理性经济人”作出的批评和“有限理性”概念的提出，[1] 认为当事人在经济决策过程中面临认知和计算能力两方面的局限性。大多数学者公认的行为法经济学定义为：“运用行为科学和心理学的成果更好地解释法律所追求的目标以及实现这些法律目标的手段，提高法经济学的预测力和解释力。”[2] 它是作为理性选择理论的反面

---

〔1〕［美］西蒙：《管理行为》，杨砺等译，北京经济学院出版社1988年版，第18页。

〔2〕Jolls, Sunstein and Thaler, “A Behavioral Approach to Law and Economics”, *Stanfod Law Review*, vol. 50, 1998, pp. 1471～1550. 他们在该文中首先使用了“行为法经济学”（Behavioral Law and Economics）概念。

应用于法律领域的，依据心理学和行为试验中总结出的经验和理论对理性选择理论进行了反思，既是对理性选择理论的检讨，更是对该理论的修正与完善。

行为法经济学认为，行为人通常具有的是有限理性、有限意志和有限自利，决策时通常受到环境的影响。①有限理性。行为人决策时不以利益最大化为目标，根据其他因素决策。有代表性的包括启示和偏见，它们通过影响行为人对未来时间的概率判断来改变决策。启示具体包括了代表性启示、现成性启示；偏见包括过于自利偏见、自信偏见、偏见的自我强化、“事后诸葛亮”偏见、固执先见、潜意识偏见等。[1] 此外，还有一些人们在决策时偏离理性的例子，如禀赋效应、框架效应和沉没成本，等等。[2] ②有限意志。受主客观因素影响，人们在决策时虽然意识到了最大化的选择，但往往不能坚持。这些因素

---

〔1〕 代表性启示指行为人具有夸大事件现象与本质之间联系的认识趋势，并据此作出错误的判断；现成性启示指人们习惯于通过很容易想起的事例来判断概率，结果会给予突出或容易记住的信息以过多的关注。自利偏见、自信偏见以及偏见的自我强化主要指行为人常常会盲目地认为自身利益将会得到进一步改善，或者人们往往只根据自身的观念，而不顾及客观情况来表述信息和描述事实等。“事后诸葛亮”偏见、固执先见以及潜意识偏见则分别指人们在事件真实发生后所做的关于事件发生概率的判断往往高于客观的实际概率，先入为主，行为人的潜意识会导致其作出错误的概率判断。参见魏建：“行为经济学与行为法经济学：一个简单介绍”，载《新制度经济学研究》2003 年第 2 期。

〔2〕 Kahneman, Tversky:“Prospect Theory, An Analysis of Decision Under Risk”, *E-conometrics*, 1979, vol. 47, pp. 263 ~ 291. 他们提出“期望理论”作为预期效用理论的替代，提出了著名的框架效应理论以及基准点，指出人们在不同的基准点上表现出来的风险态度不一，而预期效用理论认为人们的风险态度不会随着基准点的变化而不同。禀赋效应说明行为人对拥有的财产功利评价要高于对不拥有的同样财产，损失厌恶就属于禀赋效应的一种。

有习惯、传统、嗜好以及生理欲望等。③有限自利。受社会规范、道德规范等因素影响，行为人决策时追求自我利益以外的东西，比如“公平”、“社会认可”等。在对刑事审判模式中，法官、检察官、被害人、被告人的行为起着关键作用。在实践中，各诉讼主体的行为往往会受到心理、情绪等非理性因素控制，影响其依法依理客观公正进行诉讼。对这些非理性因素进行研究和防范，是提高审判效率的重要途径。

（六）竞争与合作理论

自由竞争理论主要体现在斯密的研究中，认为自由竞争是实现个人自由和社会福利增长的保证。在竞争中，“各个生产资源的所有者都力求将资源用于会产生最大收益之处，因而在竞争之下，每一资源的配置都能保证在各种用途上获得相同的收益率”〔1〕。斯密强调市场在资源配置中的决定性作用，认为自愿交换对个人是互利的，基于市场的自行调节，可以达到资源的最优化配置。在一个完全竞争的市场上，每个主体都根据价格自主决定进出和交易，做出增进自身财富和效用的选择，从而实现社会财富和效用的增加。通过自愿交换，资源将被转移到按消费者支付意愿衡量的估价最高的使用者手中，从而得到更加有效的利用。在法律市场中，权利、义务、责任、风险等要素均可以成为各种主体的“价格”决定因素，根据法律市场中的价格机制做出交易选择。

当竞争主体所面临的竞争加剧，或者所处的内外环境发生了变化，导致原有竞争优势的消失时，就会不得不转向其他可

〔1〕［英］亚当·斯密：《国民财富的性质和原因的研究》，郭大力、王亚南译，商务印书馆1972年版，第87页。

能找到新的生产力与竞争力的层面。在共赢目标的驱使下，合作成为了理性选择。甚至有学者将竞争区分为对抗性竞争和合作竞争。对抗性竞争，就是通过价值规律起作用的市场，对稀缺性资源进行直接配置的过程，作用力量是价值规律；合作竞争，是在具有互补性的基础上，通过契约或隐合同对资源进行配置的过程，其推动力是互补性，其实现方式是契约和隐合同等。霍布斯定理（Hobbes theorem）做了几种诠释。该定理的核心思想是私人之间的争斗只会带来损失，而合作却会带来规模效益。私人之间的谈判和合作需要一个权威的机构进行调节、控制和监督。国家作为公力救济机构比起分散、弱小、确定性不强的私力救济更具有效率优势。因此，国家的任务就是促进合作，“通过建立法律结构，使私人协议难以达成所造成的损失最小”〔1〕。“自愿合作可以使一项资源从估价低的主体手中转移到估价高的主体手中，从而提高资源的使用效率，优化资源配置，同时也提高了合作双方的福利水平。”〔2〕基于此，在刑事审判模式中，法律应该通过权利义务分配、程序安排为诉讼主体之间的合作创造条件、扫除障碍，而法官则应扮演权威的裁决者运用法律手段对争议进行调停和裁决，减少对抗性因素，促进各个诉讼主体之间的自愿谈判合作。

（七）效率理论

经济学上一般从技术效率和配置效率两个层面探讨效率问

---

〔1〕［美］罗伯特·考特、托马斯·尤伦：《法和经济学》，张军等译，上海三联书店、上海人民出版社1994年版，第129～137页。

〔2〕魏建：“谈判理论：法经济学的核心理论”，载《兰州大学学报（社会科学版）》1999年第4期。

题。技术效率一般是指投入与产出或成本与收益分析之间的关系。当我们说某个经济单位有效率的时候，指的就是这个经济单位用一定的技术和生产资源为人们提供了最大限度的满足。一个生产过程具有技术效率，必须满足下列两项条件之一：一是不可能在采用另一种成本更低的投入组合生产出同样的产品；二是在同样的投入组合下，不可能有更多的产出。配置效率一般表示物品和服务在众多消费者中的均衡分配。若假设各生产单位的技术效率不变，则主要的问题便在于资源是否在不同的生产目的之间得到了合理配置，使其最大限度地满足了人们的各种需要。配置效率由帕累托效率和卡尔多—希克斯效率来衡量。[1]

法律效率是通过成本收益以及司法资源优化配置来衡量的。法律的收益是透过权利的合理界定与配置来实现的。1976 年诺贝尔经济学奖得主米尔顿·弗里德曼（Milton Friedman）说："权利是建造法律的基本材料。"[2] 要对某个领域做立法上的规范，实际上是一种社会现有利益的再分配。决定是否需进行立法时，首先必须在其所带来的效益与成本之间进行权衡，进一步考察两者之间的边际价值倾向。如果立法的效益大于立法成本，并且立法的边际价值倾向高于不进行法律调整的边际价值倾向，就应该选择进行立法；反之则不进行立法而应由社会进

〔1〕 帕累托效率：对于某种经济的资源配置，如果不存在其他可行的配置，在至少有一人受益的同时又不使其他任何受损，那么，这个资源配置就是最优的，也就是有效率的。卡尔多－希克斯效率：一种经济变化使受益者的收益补偿受损者的损失后有所剩余。

〔2〕 ［美］弗里德曼：《法律制度》，李琼英、林欣译，中国政法大学出版社 1994 年版，第 264 页。

行自由调整。[1]

任何一项制度安排和制度选择都不是随意决定的，而是人们依据成本效益分析权衡及选择的结果。一种制度的结构安排只要其收益大于零，且在可供选择的制度安排和制度结构中净收益最大，这项制度就是最佳的制度，这时的制度状态就是制度均衡。如何确立法律的量化指标乃进行法律成本效益分析的核心问题。法律的货币收益较易量化，一般采用定量分析方法。而法律的非货币收益其分析方法主要用定性分析方法辅之以一定限度的定量分析。传统法学偏重对法律的社会收益、政治收益等非货币收益进行定性分析，而忽略了法律货币收益的定量分析。[2] 量化法律收益的前提是提出度量法律收益指标和法律绩效之标准，而该基本标准通常是指帕累托效率和卡尔多—希克斯效率。

四、法经济学的研究方法

法经济学方法论是由一系列法经济学研究方法组成的体系。由于法经济学是用经济学方法研究法律问题的学科，因此，法经济学的研究方法主要是经济学上的研究方法。法经济学的研究方法既有哲学意义上的，如个人主义方法论，也有逻辑意义上的，如比较方法，还有纯粹技术意义上，如成本收益论，等等。

---

〔1〕［美］罗斯科·庞德：《通过法律的社会控制——法律的任务》，商务印书馆1984年版，第35页。

〔2〕钱弘道：《经济分析法学》，法律出版社1995年版，第165页。

（一）个人主义方法论

从分析对象看，方法论有个人主义和集体主义之分。个体主义方法论主张从个体及其活动与关系来认识社会现象。其内涵主要有：①所有行为都是个人的行为。行为性质是由行为的个人以及该行为影响到的其他个人的评价共同决定的。②社会过程是单个人的相互作用过程，社会行为最终表现为个人行为。③因为个人行为的存在，社会（集体）才有意义。社会（集体）是无法被具体化的。个人主义方法论与自由主义密切相关，是古典经济学、新制度经济学和公共选择理论的方法论基础。[1]

法律市场与经济市场一样，都是由个人组成的。经济市场上的个人表现为生产者和消费者，法律市场上的个人表现为权利人、义务人、立法者、执法者、守法者、诉讼当事人等等。这些“法律人”与“经济人”在追求和行为方式上存在诸多相似之处。比说，法律人也会通过对法律的运用寻求自身利益最大化。因此，运用个人主义方法论分析法律问题，具有非常大的妥当性。长期以来，我国的法学研究多以马克思主义的集体主义方法论为指导，忽视了个人主义方法的研究。集体主义方法论即把法律当成是一个整体，从整体角度来解释和理解个人行为，过分强调集体组织（如政法机关）在法制建设中的作用。这必然影响到个人权利的保护和个人作用的发挥，不利于法学研究的发展和法制建设的推进。

---

〔1〕 例如，公共选择理论的鼻祖布坎南则公开标榜自己理论的“个体主义假设”。参见［美］詹姆斯·M. 布坎南、戈登·塔洛克：《同意的计算——立宪主义的逻辑基础》，陈光金译，中国社会科学出版社 2000 年版，第 11 页。

（二）规范分析与实证分析

实证分析与规范分析是法经济学常用到的方法论。一般而言，实证分析就是对现实情况的描述，解决的问题是“法律是什么”，即“实然问题”，常常被用来研究法律制度的实际效果。例如，科斯对存在交易成本时法院判决对资源优置的影响作了实证分析。即如果交易成本为零，那么法院判决就不会影响资源最终的优化配置。换句话说，不管法院将权利配置给哪一方，双方当事人都会通过事后自愿协商来取得最有利的结果。还有，在特定的刑事审判模式下，各主体付出了多少成本，获得了多少收益，成本收益是如何发生的，是否是最有效率的。

规范分析，也称价值分析，要回答的问题是“法律应该怎么样”，常以一定价值判断为基础，并提出一系列标准，用以评价法律及法律活动。例如，先假定法律资源是稀缺的，按照效率标准，要合理配置法律资源，防止法律失效和司法资源浪费。

这两种方法的主要不同体现在分析结论上，表现为是否可进行证伪。实证分析结论，可以“证伪”，而规范分析结论不能。同时，这两种方法也是存在紧密联系的，实证分析是基础，规范分析是升华，实证分析多数情况下是服务于规范分析的，为改革法律制度提供建议。

（三）成本收益分析

成本收益分析是贯穿法经济学始终的最普遍的分析方法，其中比较典型的如交易成本的分析。成本收益分析是指在待选择的各种不同方案中，根据即将投入的成本与预期得到的收益的比较结果，评价各种方案的优劣，并做出选择的方法。经济理论是以人的理性和自利为假设分析人类行为的，“理性人”在做出决策时，必然要以成本和收益作为衡量准则，只有在收益大于成本时才会采取相应行动，争取实现收益最大化结果。

关于成本的概念，有几点需要注意：[1] ①成本指人在运用资源或选择行为时所要承担的“东西”；②成本指的不一定是金钱或物质，也可能是精神上、良知上、道德上的“东西”；③成本隐含着一种比较，在比较之后选择了其中一项，而其他被放弃的机会便成了这个选择的“机会成本”。法律收益不仅包括经济收益，还包括政治受益、社会收益、伦理收益等。[2] 尤其在当今福利社会兴起的背景下，精神收益应该成为法律收益的重要组成部分。

成本收益分析运用到刑事审判模式分析中，最根本的就是要建立激励机制，使所有主体都能够按照最大化原则，根据成本和收益自主进行行为选择。在制度设置上，首先，要保证所有诉讼主体都享有与其诉讼地位相适应的充分的选择权，在做出成本收益判断后可以自主进行行为选择。其次，要保证主要诉讼参与人享有理性判断的能力。如，强化被告人辩护权、对被害人给予法律援助等制度都是着力于提高他们的理性诉讼能力。最后，在整体上和制度上，排除诉讼主体追求最大化的障碍。一方面要降低交易成本，另一方面要提高收益，提供更多更好的司法福利。

（四）微观分析与宏观分析

微观分析和宏观分析是经济学的两大分析方法。法律经济学主要是运用微观经济学的理论和方法分析法律问题，研究的对象集中于个体的行为及其相互关系，包括背后的经济规律。

---

〔1〕 雄秉元：“经济学和法律分析”，载《月旦法学杂志》1997 年第 21 期。

〔2〕 沈宗灵：《法理学》，高等教育出版社 1994 年版，第 46 页。

比如，研究法官、检察官、被告人等个体的诉讼目的与行为特征，以及他们之间的相互关系。同时，宏观分析也在法经济学中有所体现。例如，研究法与社会之间的关系就会用到宏观分析方法。

（五）静态分析与动态分析

静态分析是指不考虑时间因素和具体变动过程，重点分析经济现象的均衡状态以及相关变量达到均衡状态所需要具备的条件，是一种相对静止和孤立的考察方法。动态分析是在考虑时间因素的情况下对经济变动过程进行分析。既包括相关变量在一定时间内的变动，又包括这些变量在变动过程中的相互影响和制约关系等等。这种分析考察的是时间因素的影响，并把经济现象的变化当做一个连续的过程来看待。

在对刑事审判模式进行分析的过程中，既包含静态分析，也包含动态分析。比较典型的静态分析如对“判解”的分析、对证据制度的分析、对结构的分析，等等；动态分析则有诉讼主体在诉讼中的行为分析、正当程序分析等等。在传统的刑事诉讼研究中，学者过多关注于静态分析，而对动态分析不足，需要借鉴法经济学的方法予以完善。

第三章 当事人主义审判模式结构的经济分析

考察审判模式，首先要考察该种模式的结构，因为结构关系着模式的价值、功能和运行机制。结构一般是指构成事物的各个要素及其相互关系。相应地，本书认为，审判模式的结构是指在刑事审判过程中控诉、审判、辩护三方的地位、角色以及相互之间的关系。也有学者将结构称为“构造”，即“各个组成部分之间的安排、组织和相互关系”〔1〕。同时，将刑事诉讼构造定义为：“由一定的诉讼目的决定的，并由主要诉讼程序和证据规则中的诉讼基本方式所体现的控诉、辩护、裁判三方的法律地位和相互关系。”〔2〕

对某种结构进行经济分析就是研究该种结构的效率问题。

---

〔1〕 李心鉴:《刑事诉讼构造论》，中国政法大学出版社 1992 年版，第 2 页。
〔2〕 李心鉴:《刑事诉讼构造论》，中国政法大学出版社 1992 年版，第 7 页。

"一个有效率的制度的最根本特征在于它能够提供一组有关权利、责任和义务的规则，能为一切创造性和生产性活动提供最广大的空间，每个人都不是去想方设法通过占别人的便宜来增进自己的利益，而是想方设法通过增加生产，并由此实现自己的利益最大化。"[1] 当事人主义刑事审判模式结构的优势就体现在其效率生产上。

一、当事人主义刑事审判模式的结构

基于利益的冲突，传统理论将当事人主义等同于对抗制，据此，认为当事人主义刑事审判模式的基本结构为对抗式。虽然对抗具有普遍性，但当事人主义刑事审判除了表现为对抗外，还表现为另一种重要结构，即合作。

（一）对抗竞争的普遍性[2]

"争斗是社会的生理现象。社会因争斗才真正成为有活力的社会。所以在那里对争斗并不做负面的评价。但是，争斗本质上总是必然地包含着陷入'万人对万人的战争'状态这一危险，所以，需要把争斗限定于某种公正的框架之内，人们也因此而强烈地意识到规则的重要性。对于社会生活来说，尽管和平必不可少，但和平并不因争斗的否定而实现，只有通过争斗而获得的和平才是人们所希望的。"[3] 在自然界，各物种之间为了生存而竞争，"物竞天择、适者生存"。在人类社会领域，内部

---

〔1〕 樊纲：《渐进之路》，中国社会科学出版社 1993 年版，第 21 页。

〔2〕 本书认为，经济学上的竞争与刑事诉讼中的对抗实质上具有同一意义。

〔3〕 ［日］野田良之：《关于司法观念起源一个管见——以 L. Gernet 的研究为依据》，有斐阁 1975 年版，第 44 页。转引自王亚新：《对抗与判定：日本民事诉讼的基本结构》，清华大学出版社 2002 年版，第 62 页。

个体之间、群体之间出于生存或者利益驱动，也存在着广泛的错综复杂的竞争关系，比如经济摩擦、政治谈判，比较极端的有军事斗争、武装冲突等。

在司法领域，从西方司法文明的发展看，刑事审判制度的发展史也就是对抗式（竞争式）逐步确立的过程。在近代社会早期，西方奉行的一种控辩双方争吵式的刑事审判，审判的主要目的是让被告本人对指控及相关证据进行辩解，不允许辩护律师参与。可见，这种审判方式下，被告被看做发现案件事实的“信息源”。事实上，这种运作中，不仅没有律师参与，也没有公诉人，只是依靠治安官的调查支持私人的控诉。辩护律师首先出现在1696年的《叛逆罪审判法》中，改革的动因是一系列著名叛逆案件中的无辜者被定罪处决。允许被告聘请律师为其辩护，这为当时的审判程序注入了强烈的对抗色彩，但将适用范围限于叛逆案件的审判程序。后来，随着控方聘请律师现象的增多，以及指控奖励制度和污点证人制度的实行，控方的力量明显增强，被告方的风险，特别是伪证的风险不断增多。面对这种失衡，法官们逐渐不再恪守重罪案件对辩护律师的禁令，赋予律师询问和交叉询问的权利。直到此时，辩护律师仍然受到各种限制，依然被禁止向陪审团陈述，无法直接回应对被告的指控和不利证据。

针对指控方式存在的风险，法官们除允许律师辩护外，还逐步确立了同伙供证的补强规则和口供规则，进一步加强了对被告人的保护，提升了被告方的地位。但是，带有根本性的“被告陈述”式审判的格局并没有被改善。辩护律师在18世纪的刑事审判改革中起到了颠覆性作用。他们通过阐明控方负责举证的证明原则，使被告方免除了辩解和证明事实的责任，并逐步确立了被告不自证其罪原则和排除合理怀疑的证明标准，从而使对抗式的庭审程序基本得到确立。“对抗式的动力改变了刑事审判的整个理论。旧式争吵型的审判是作为给被告的一个机会，使其得以亲自对指控的内容和证据作出回应；而对抗式刑事审判则是提供给辩护律师查究指控的机会。”[1]

（二）对抗与合作：当事人主义刑事审判的结构

当前，对当事人主义刑事审判模式结构的研究，多从讨论控辩审三方的地位和职责的角度入手。认为，从审判的形式和内容看具有如下结构：法官被动居中裁判，不直接干预诉讼程序。贯彻无罪推定原则，证明责任由控诉方承担。被告方不承担举证责任，享有沉默权和辩护权。只有在证明自己为精神病人等少数法定情形下才承担举证责任。在审判程序中，控辩双方居于主导地位，享有程序的控制权。调查证据的顺序、范围和方法由双方依据程序规则确定。证据调查中采取交叉询问规则，控辩双方享有选择权，决定调查证据如何进行，法官无权具体指挥。法官的主要精力在于根据证据调查中确认的事实进行裁判。

据此，我们看到，这种关于当事人主义刑事审判模式结构的研究还仅仅停留在形式层面，并没有触及该模式的深层结构。还有另外一种影响较大的观点，把当事人主义直接等同于对抗式。这种观点虽然能够在较深层次上认识到该模式的结构，但研究不够全面，没有看到其中蕴含的合作因素。有学者指出：“传统刑事诉讼理论都是以国家与被告人相互对立为基础，因此

---

〔1〕［美］兰博约：《对抗式刑事审判的起源》，王志强译，复旦大学出版社 2010 年版，第 6 页。

不妨通称为对抗型诉讼。但是如果被告人自愿认罪，对抗性司法将不再具有存在的基础，控辩双方因而获得了合作的可能。一种是公力合作，即追诉机关与被告人进行诉讼合作；另一种是私力合作，即被害人与被告人协商和解。就理论基础而言，对抗型模式源于传统的程序正义和司法竞技理念；合作型模式则以实用主义为基础，将合作视为一种司法正义，寻求独立于实体正义和程序正义之外的第三种法律价值观。"〔1〕不仅如此，即使在被告人不认罪的情形下，控辩双方之间，甚至控辩审之间的合作也是普遍的（下文将进一步阐述）。因此，对抗与合作共同构成当事人主义刑事审判模式的深层结构。也就是说，当事人主义模式的结构具有复合性。当然，这种合作并不是控诉和辩护两种职能的直接混同，而是在职能分离和地位平等基础上，双方为达到共同的诉讼目的而进行的一种合作。

为什么职权主义刑事审判模式下这两种结构的特征不明显呢？这取决于对抗与合作存在的条件。无论是对抗，还是合作，都需要一个基本的条件，即平等的诉讼地位、充分的权利保障以及较少的审判干预。这些恰恰是职权主义所无法赋予的。在职权主义的代表国家德国，"由于法庭的调查活动由法官独立掌握，无论是调查方式，还是调查范围都不受当事人举证范围和举证方式的限制。因此，这一原则从根本上排除了辩诉交易的可能"〔2〕。同时，由于法官的积极主动性和控辩双方的弱势性，

---

〔1〕陈瑞华："司法过程中的对抗与合作——一种新的刑事诉讼模式理论"，载《法学研究》2007年第3期。

〔2〕汪建成、黄伟明：《欧盟成员国刑事诉讼概论》，中国人民大学出版社2000年版，第192页。

德国刑事审判中的对抗性也不强。我们据此也可以说，相对于职权主义，当事人主义刑事审判模式的突出优势就是其中蕴含的对抗与合作机理，既可以对抗，又可以合作，对抗中有合作，合作中有对抗，究竟何者处于主导地位完全取决于控辩双方在具体个案中的利益最大化需要。

二、当事人主义审判模式下的对抗与合作机制

当事人主义审判模式下的对抗与合作结构在审判程序中具体表现为对抗与合作机制，既有形式上的对抗与合作，也有实质上的对抗与合作。

（一）对抗机制

1. 实质上的对抗。

（1）控辩双方直接利益对抗，表现为双方的进攻和防御行为。刑事被害人是遭受犯罪侵害的人，具有强烈的利益诉求。犯罪行为除了侵害被害人的利益外，还对国家利益和社会秩序造成了重大损害。检察机关是国家利益的代表，肩负着打击犯罪，维护国家利益的神圣职责。被害人和检察机关同处于追诉者的一方（在无被害人犯罪中，追诉方只有检察机关），由于地位的重合性和追诉对象的同一性，能够共同行使控诉的职责。控诉的目的就是通过试图剥夺被告方的人身权利和财产权利打击犯罪，恢复被破坏的社会秩序，保护合法利益。而被告方则处于被追诉的地位，面临着权利是否会被剥夺，如何被剥夺等待解疑问。被告方要采取的唯一措施是针对追诉行为进行积极防御，维护合法权益。在攻击和防御中，控辩双方形成了直接的利益对抗。正如有学者指出："在刑事审判过程中，国家与被告人个人之间的实体利益实际存在着很大的冲突：作为国家代

表的检察官力图通过使被告人受到定罪、判刑，来实现刑事实体正义，维护社会治安和秩序；同时，被告人一般会尽力避免受到定罪、判刑这一结果，或力图使自己受到尽可能轻的定罪、判刑，以防止自己的自由、生命、财产等权益受到剥夺和损害。国家与被告人在利益上的这种冲突是始终存在的，无论检察官与被告方在审判过程中是否进行激烈的对抗和争讼。”〔1〕

（2）平等的地位和对等的权利。这是对抗的基础。对抗的激烈程度取决于对抗双方的行为自由程度，只有充分的自由才有对抗的可能。当事人主义刑事审判模式赋予了控辩双方平等的诉讼地位和对等的诉讼权利，这也是该种模式的核心要求。当事人主义刑事审判模式构建了控辩审三方的等腰三角形架构，形成了一套比较成熟的控诉权监督制约、审判权独立运行、被告人和被害人权利得到充分保护的制度，保障了庭审中的充分对抗。

（3）较少的外部干预。这是对抗的前提。当事人主义刑事审判中，较好地贯彻了检察独立原则和审判独立、中立原则。检察机关独立行使检察权，不受检察系统以外的机关和个人的干预，检察机关作为一个整体具有较强的独立性。这使得公诉人在指控犯罪过程中可以较少地受到外部干预，自主行使处分权。而审判的独立和中立则是当事人主义的天然优势。法官独立行使审判权，在审判过程中，始终处于被动、消极、中立的地位，除进行必要的诉讼引导和指挥外，不直接干预控辩双方的诉讼权利。

2. 形式上的对抗。英美法系的刑事审判程序中，诸多制度、

---

〔1〕 陈瑞华：《刑事审判原理论》，北京大学出版社1997年版，第6页。

原则和规则的设置都不同程度地体现了对抗的精神，为控辩双方对抗式诉讼搭建了框架。其外在形式集中表现在制度原则和对抗性程序上。

（1）对抗性的制度原则。

第一，控辩分离原则。当事人主义彻底实现了控辩审职能的分离，使追诉方全面承担起了控诉职能，而被追诉方肩负起了辩护职能。其中具有根本性的是确立了不告不理原则和无罪推定原则。不告不理原则使控诉职能回归于控诉方，法官仅承担被动裁判职能。同时，无罪推定原则将举证责任赋予了控诉方，控诉方必须针对被追诉人搜集证据，提出确实指控。这两个原则将控诉方直接推向了与被追诉方针锋相对的地位，也给予了被追诉方与控方平等对抗的权利和武器。追诉方不仅要承担举证责任，而且依据证据裁判原则，还须证明到排除合理怀疑的程度。被追诉人却享有沉默权，用之与控方对抗。

第二，辩护制度。辩护制度是围绕保护被追诉人的辩护权而建立的一系列原则、规则和程序的总称。因此，可以说，辩护制度是与追诉制度相对的，具有先天的对抗性。辩护权“是一种对抗权，它是个人对抗政府的最为重要的一种权利形式，辩护权与其他的公民权利相比较更能体现出人的‘对抗主义’特征”[1]。不仅《世界人权宣言》、《公民权利与政治权利国际公约》等国际性法律对辩护制度进行明确规定，绝大多数国家也在本国法律中确立了辩护制度，甚至有些国家还上升到了宪法的高度。如我国《宪法》就规定：“被告人有权获得辩护。”

从内容上，学界将辩护区分为实体性辩护和程序性辩护两

〔1〕 宋世杰：《刑事审判制度研究》，中国法制出版社2005年版，第176页。

类。实体性辩护是指辩方为维护己方利益，从事实和法律两方面反驳控诉方的指控，并证明己方主张的诉讼活动。而程序性辩护则是指辩方为惩治追诉人员的程序性违法行为而进行的救济性诉讼活动。无论是实体性辩护，还是程序性辩护，都有极强的针对性和对抗性，均以推翻控方的事实、法律和违法诉讼行为为目的。

（2）对抗性的程序。

第一，交叉询问程序。交叉询问程序是当事人主义庭审调查的精髓，也是控辩双方对抗性的集中体现。证人一般是由控辩一方提出，而非法庭提出，其目的是证明本方主张的事实，控诉或者反驳对方，对举证一方的依附性较强，对相对方的对抗性明显。相对方往往视证人为敌对方，而非客观中立方，进行反驳性质问。双方在倾向上具有了明显的对立色彩。从询问过程看。交叉询问程序一般由主询问、反询问、再主询问、再反询问等步骤构成。反询问是相对方为削弱或者推翻证人证言的证明力，围绕证人资格以及证言的可信性等问题对证人展开的瓦解性的质问，以达到驳倒证言并证明己方主张的目的。紧跟着的再主询问则是针对证人在反询问中所暴露出来的问题进行修补和解释，以清除证人证言的疑点和缺陷，强化证明力，并驳斥对方。接下来还会有再反询问等程序。这种能够“一问一答一驳”式的询问过程十分形象地展现了控辩双方的强烈对抗性。

第二，辩论程序。刑事审判中的辩论，是指“诉讼当事人双方就案件中有争议的问题，在平等基础上运用相同的诉讼手段，各自陈述自己的主张和根据，互相进行反驳和答辩，由此揭示案件真实情况的诉讼活动"[1]。辩论程序虽非当事人主义所特有，但是"在当事人主义的诉讼结构中，贯彻当事人进行主义和当事人处分原则，辩论原则得到了充分的体现"[2]。《美国联邦刑事诉讼规则》规定："举证结束后，应由起诉方开始辩论，然后允许辩护方答辩，最后起诉方再作反驳。"[3]

辩论程序是当事人主义庭审的高潮和升华。法官不主动调查事实，仅是居中裁判，调查事实和分析法律由当事人推进，从而激发了控辩双方据理力争的热情和创造性。"辩论使审判建立在双方的攻击防御之上并以攻击防御的形式展开。"[4] 控辩双方分别根据庭审前的准备以及庭审中新的发现，结合法律进行综合分析后，对己方主张进行详尽阐述，对对方主张进行彻底辩驳。无论是形式还是内容，都体现出控辩双方的集中对抗性。

（二）合作机制

通常理解，合作就是个人与个人、群体与群体之间为达到共同目的，彼此相互配合的一种联合行动、方式。虽然当事人主义刑事审判外形上具有明显的对抗性特征，但背后却蕴藏着大量合作因素。"刑事法院系统主要的工作形式是合作和谈判，而并非与对方争斗。几乎所有对答辩交易文件的研究都表明，对辩护律师的主要压力是进行谈判而不是争斗。""当事人为避

---

〔1〕 左卫民：《价值与结构——刑事程序的双重分析》，法律出版社 2003 年版，第 35 页。

〔2〕 龙宗智：《刑事庭审制度研究》，中国政法大学出版社 2001 年版，第 57 页。

〔3〕《美国联邦刑事诉讼规则和证据规则》，卞建林译，中国政法大学出版社 1996 年版，第 67 页。

〔4〕 龙宗智：《刑事庭审制度研究》，中国政法大学出版社 2001 年版，第 58 页。

免正式审判也进行谈判。刑事法院的大多数案件通过谈判解决。"[1]

1. 合作的动力。至于控辩审三方如何进行行为选择，关键还要看目的的共同性。理论上，存在以下几种主要因素把控辩审三方的行为选择引导向合作方向：

（1）互补性与竞争性。刑事诉讼中，控辩双方之间的资源禀赋存在较大差异，这些差异包括追诉机关与被告方之间在证据禀赋上的差异、在法律知识禀赋上的差异，被害人与被告人之间在物质财富禀赋上的差异，等等。这些差异，都会在诉讼中产生互补性合作需求。另外，从风险角度考虑，当事人主义模式下诉讼胜败存在大量不确定的风险因素，控辩双方为控制风险，增加诉讼收益，也倾向于选择竞争性合作。

（2）法律范围内的利益追求。利益是人们谋求得到满足的一种欲望或要求。刑事审判中，各方诉讼参与人均有各自的利益诉求。检察官追诉犯罪谋求的主要是国家利益，同时伴有职业成就、个人威望等个人利益。被告人通过反驳指控，证明自身无罪、罪轻或者可以减轻、免除处罚，主要谋取个人利益。被害人则是通过诉讼获得物质、精神等方面的补偿，以及追究被告人刑事责任。法官居中裁判，既维护控方代表的国家利益，又保护被告人、被害人的个人利益，同时还通过公正妥善处理案件追求自身的职业利益。这些利益，尤其是控辩双方的利益，并非完全对立，也具有统一的关系。这个统一的共同利益就是

---

〔1〕［美］爱伦·豪切斯泰勒、斯黛丽·南希、弗兰克：《美国刑事法院诉讼程序》，陈卫东、徐美君译，中国人民大学出版社 2002 年版，第 20、247～248 页。

法律范围内的法律利益，任何人都不能超越。这时，法律有了一个重要任务就是利益平衡，寻求共同利益。诉讼各方在诉讼中通过自觉或者不自觉的合作行为寻求着这种利益。

（3）程序上的效率追求。各国均面临着刑事司法资源紧缺的现实矛盾。刑事审判无论对于国家，还是控辩双方，都是巨大的诉讼支出和精力耗费。这种条件下，各方诉讼主体都希望通过较小的投入获取较大的收益。投入一般包括时间的投入、物质的投入以及精神的投入等方面。投入的降低首先要缩短诉讼周期、减省诉讼环节、加快诉讼节奏、节约诉讼资源，争取在较短的时间内处理完案件。其次，还要求在查证事实方面进行较少的物质投入，用最方便、最直接、最简单的方式了解尽可能多的案件信息。收益则指获得各方都比较满意的结果。而对这些目标的实现，合作是一个有效途径。

（4）自愿的福利。这是合作的前提。控辩双方的“自愿”决定了合作的效率。自愿意味着主体可以自主选择行为和情愿接受选择结果。前者是实现手段与目的一致性的最佳途径。主体根据自身理性判断追求自身预期目的，既可以确保手段理性，又可以确保目的理性，更可以达到手段与目的的一致性，这是高效率的一个重要标准。对于后者而言，行为的选择往往代表着特定结果的出现，因此，对结果的主动接受应在情理之中。即使出现的结果不符合预期目的，不论其好坏，也应乐于接受，因为是个人自主选择的结果，而非外力强制所致。控辩双方的“谈判”决定了合作的途径。合作的必要条件是协商谈判。唯此，才可以消除分歧、形成共识、实现双赢。当事人主义在理念、制度和程序上为控辩双方自愿谈判创造了条件和机会。

2. 合作的类型。刑事审判的合作模式并不是发生在每一宗刑事诉讼案件中，而且，不同案件中，控辩审之间合作的目的、程度以及形式都有一定差异。从不同角度考量，可作以下几种区分：

(1) 依据合作目的，可分为互补性合作与竞争性合作。互补性合作是指由于控辩双方之间由于诉讼资源和要素禀赋的差异而产生的合作。比如证据开示，控方掌握大量的指控犯罪的证据，辩方掌握大量无罪证据，双方对证据资源的禀赋不同，需要通过证据交换的合作形式进行优势互补。竞争性合作则是指在控辩双方之间资源、要素禀赋差异不大的情况下，为避免过度竞争造成的两败俱伤而进行的妥协性合作，双方都可以从中获益。比如辩诉交易，控辩双方在证据开示后，彼此掌握的证据资源差异已经不大，但如果由于某些原因，双方继续保持对抗关系并进入审判程序会造成两败俱伤的结果，为规避这种风险而选择交易的合作形式。

(2) 依据合作对象，可分为基于定罪的合作和基于量刑的合作。前者具体包括控辩双方围绕罪与非罪、此罪与彼罪、轻罪与重罪、一罪与多罪等问题展开的合作谈判；后者具体包括控辩双方围绕罚与不罚、重罚与轻罚、此刑与彼刑等问题展开的合作谈判。

(3) 依据合作形式，可分为非对抗性合作与对抗性合作。非对抗性合作指被告方认罪服刑、不存在对抗性诉求的合作，多发生在被告人认罪案件中；对抗性合作是指被告方针对指控提出对抗性诉求，控辩双方为达成一定目的而进行的合作，多发生在被告人不认可指控的罪行并提出无罪、罪轻或者减轻、免除处罚等对抗性诉求的案件中。

(4) 依据合作阶段，可分为审前合作与审中合作。审前合作指发生在审前程序中的合作，比如，审前刑事和解；审中合作指发生在审判程序中的合作，比如，审判程序中的证据开示。

3. 合作的形式。形式上的合作是实质合作在司法理念、制度和程序上的表现。具体为：

（1）恢复性司法程序。当今世界，恢复性司法已经成为国际性刑事司法的一个重要发展趋势。特别是，20世纪90年代以来，恢复性司法已在西欧国家、美国、加拿大、澳大利亚、新西兰等几十个国家得到了发展。2002年4月，联合国预防犯罪和刑事司法委员会第11次会议还专门通过了《关于在刑事事项中采用恢复性司法方案的基本原则》。

恢复性司法程序，是指在调解人帮助下，受害人和罪犯及受犯罪影响的任何其他个人或社会成员共同积极参与解决由犯罪造成的问题的程序的总称。恢复性司法程序通常包括调解、调和、会商和共同确定责任。[1] 恢复性司法程序的特征主要有：①主体上具有广泛参加性。包括调解人和“当事方”。调解人并不是法院的法官，而是其他能公平、公正促进恢复性程序进行的人。②方式上在调解人的主持下通过调解、调和、会商等方式共同确定责任的。③结果上旨在满足当事方的需要，实现被害人和罪犯重新融入社会的补偿、归还、社区服务等。具体操作上主要有以下几个步骤：首先是有意愿的参与人，包括被害人、犯罪人和社区成员见面谈论犯罪行为及其后果，在确定责任的基础上由犯罪人对被害人进行恢复性赔偿，并承担相应责任。然后根据具体情况对被害人与犯罪人进行人格修复。最后

---

〔1〕 杨宇冠：《联合国刑事司法准则》，中国人民公安大学出版社2003年版，第485页。

要使双方都能成为完整的社会成员，重新回归社会。可见，恢复性司法程序具有明显的协商合作性特点，在对话、谈判、妥协、自治等程序契约理念的指引下解决纠纷。

协商性司法程序中蕴含的合作机理具有重大效率意义。主要表现在司法成本的节约和社会福利的增进两个方面。协商性司法程序作为传统司法程序的一种替代，分流了大批的轻型刑事案件，而且其独特的社区协商方式可以以较为简化的方式妥善处理纠纷，避免了繁琐的正式司法程序，节约了司法资源。更重要的是，协商性司法实现了全面的平衡的个体和总体利益。“对被害人而言，修复物质的损害、治疗受到创伤的心理，使财产利益和精神利益恢复旧有的平衡；对加害人而言，向被害人、社会承认过错并承担责任，在确保社会安全价值的前提下交出不当利益从而恢复过去的平衡；对社会而言，受到破坏的社会关系得到了被害人与加害人的共同修复，从而恢复了社会关系的稳定与平衡。”〔1〕

（2）证据开示制度。就法经济学意义而言，证据开示是当事人主义互补性合作机制的重要制度和程序表现，也是为弥补对抗机制的不足，提高诉讼效率，实现诉讼“共赢”而导入的。设置证据开示制度的目的，“是为了保证最终裁判结果能够满足双方当事人特别是被告人的真实愿望；也便于诉讼双方尽早在审判前明确争议事项，使正式审判得以集中连续地进行，提高审判效率；同时，还可促使相当一部分案件在审判外达成妥协，

〔1〕 宋英辉、许身健：“恢复性司法程序之思考”，载《现代法学》2004 年第 3 期。

通过答辩交易或者简易审判程序结案，提高整个刑事程序的效率”[1]。

在对抗性的攻防模式下，控辩双方都以证据为武器，在证据封闭状态下为争取胜诉而力争搜集尽可能多的证据。一方面，可能造成某一方的“证据过剩”，另一方面，还可能带来双方的证据重复，造成资源浪费。更重要的是，由于控辩双方诉讼资源不对称，很可能造成庭审中的“证据突袭”和对抗不平等，进而影响庭审效率。因此，为提高效率，对抗中须有合作性的努力，即双方要向对方公开自己掌握的证据以及相关信息，共同为提高审判效率做准备。对辩护方而言，辩护律师可以通过证据的交换弥补自己调查能力不足的缺陷，并有针对性地开展辩护准备工作。对控方而言，则可以检验控诉主张和证据的充分性。对双方而言，避免了重复和过度收集证据的成本，尽早明确争议焦点，促进和解。

（3）辩诉交易。辩诉交易是控辩双方通过谈判协商寻求双方都能接受的诉讼结果的过程，本质上属于竞争性的合作行为。虽然辩诉交易大多在庭审前进行，但由于法官在其中起着关键的监督作用，它仍然属于刑事审判中的合作行为。控辩双方一般在庭前就罪名和量刑进行自愿谈判、讨价还价，控方希望辩方能够作出有罪答辩，并放弃参加庭审的权利，而辩方则寻求控方能够对己方进行降格指控、撤销部分指控或者提出从轻量刑建议。如果双方“出价”合理，满足交易条件，双方可就定罪和量刑问题达成协议，经法官的程序性审查后即可生效。据

---

〔1〕孙长永：“当事人主义刑事诉讼与证据开示”，载《法律科学》2000 年第 4 期。

统计，在美国有接近90%的刑事案件是通过辩诉交易方式处理的。这足以证明，合作模式已成为美国刑事审判的主流价值导向。

（4）刑事和解。刑事和解是由警察、检察官、法官、社会组织、加害人、被害人等多个主体参与和主导的，既有加害人与被害人之间的私人协商合作关系，又有执法官员代表国家与加害人和被害人之间的合作关系，还有社会组织与加害人和被害人之间的合作关系，更有国家与社会组织之间的合作关系。其中，被害人与加害人之间的合作是最基本的合作关系。刑事和解一般是在执法官员或者社会组织的主持下进行的被害人与加害人之间的协商、调和、讨价还价的过程，加害人通过认罪、赔偿、道歉等方式换取被害人的谅解，争取减轻或者免除刑事处罚，结果以协议的方式予以确认。

（5）程序选择与量刑程序。刑事程序选择权则是指“在刑事诉讼中，控辩双方，主要是当事人一方，选择相关程序和与程序推进相关事项的权利”[1]。当事人主义模式下，控辩双方被赋予了广泛的程序选择权，控辩双方可以对一些程序性事项，甚至一些重大的诉讼程序有选择的权利，即通过合意的方式决定诉讼程序的走向。例如，双方可通过合意方式选择陪审团成员，也可以通过合意使一方提出的证据取得证据资格，还可以合意选择简化程序，等等。美国的量刑程序相对独立，其中的量刑调查报告和被害人陈述制度较充分地体现了程序的合作性。为确保量刑适当，判决前要由有关机构对被告人情况进行调查，

---

〔1〕 姚莉、詹建红：“刑事程序选择权论要——从犯罪嫌疑人、被告人的角度”，载《法学家》2007年第1期。

包括平时表现、受教育程度、职业情况、家庭状况、再犯新罪的可能性以及其他与量刑相关情况。被害人陈述是被害人作出的关于本人或家庭因为犯罪行为而遭受的伤害，包括身体的、物质的和精神的伤害。调查报告和被害人陈述可作为量刑的参考。

（三）对抗与合作的辩证关系

“对立统一规律是宇宙中的根本规律。这个规律，不论在自然界、人类社会还是在人们的思想中，都是普遍存在的。”[1]对抗与合作机制共同存在于当事人主义刑事审判模式之中，二者既对立，又统一，都要服从和服务于刑事审判的价值和功能。

1. 对立性。对立性，又称斗争性，是指事物内部或事物之间的相互冲突与对立的关系，集中体现为相互分离性和相互排斥性。

（1）相互分离性。对抗机制与合作机制的相互分离性，主要表现在时空存在形式、动力来源以及正当性基础方面。时空存在形式上，对抗机制多表现为控辩双方站在对立的立场上，采取攻击和防御的诉讼形式，控方指控辩方，辩方则反驳控方，以此寻求问题的解决；合作机制多表现为控辩双方站在合作的立场上，采取谈判协商的诉讼形式，求同存异，共同寻求问题的解决。时间存在形式上，对抗机制贯穿于整个刑事诉讼始终，而合作则主要存在于刑事程序的几个重要节点上。比如，起诉阶段的辩诉交易，审前阶段的证据开示等。动力来源上，对抗机制的动力来源于控辩双方利益的差异性，合作机制的动力来源于控辩双方或者控辩审三方利益的一致性。正当性基础上，

〔1〕《毛泽东选集》（第5卷），人民出版社1977年版，第372页。

对抗机制中控辩双方的主要武器是法律，围绕合法性展开控辩，正当性基础为合法性；合作机制中控辩双方的武器是利益和法律，围绕利益最大化展开谈判协商，正当性基础主要是合意性、合理性。

（2）相互排斥性。对抗与合作的相互排斥性主要表现在双方此消彼长的关系上。如果审判程序中对抗性因素增多，合作性因素相应会减少；同样，如果合作性因素增多，对抗性因素就会减少。比如，控辩双方矛盾激烈，态度坚决，则协商解决的可能性就少。相反，如果被告方合理赔偿，双方相互谅解，则对抗性因素就少，协商解决的可能性就大。

2. 统一性。统一性，又称同一性，是指事物内部或事物之间的相互依存、相互贯通和相互统一的联系。"每一方只有在与另一方的联系中才能获得它自己的规定性，此一方只有反映了另一方，才能反映自己，另一方也是如此；所以，每一方都是自己的对方的对方。"〔1〕对抗机制与合作机制都是当事人主义刑事审判模式的重要组成部分，虽然客观上存在对立的方面，但在体现刑事审判的价值和功能上又高度统一。

（1）目的一致性。其一，对抗机制与合作机制在价值追求方面具有同一性。对抗机制追求效率，合作机制也追求效率，只是二者追求的方式不同；对抗机制追求公平公正，合作机制也追求公平公正，只是二者对公平公正的理解角度不同。还有，控辩双方究竟选择对抗还是合作，归根到底都是出于对诉讼利益最大化的考量。选择对抗，是因为认为对抗带来的利益大，选择合作，是因为认为合作带来的利益大，选择不同是因为判

〔1〕［德］黑格尔：《小逻辑》，贺麟译，商务印书馆1980年版，第254～255页。

断方法不同，而目的却是一致的。其二，对抗机制与合作机制在功能上具有互补性。由于刑事程序的启动原因在于利益的冲突，所以，对抗性应在刑事程序中占主导地位。但是，争端的解决又不是仅靠对抗能够完成的，必须要合作作为补充。比如，庭前控辩双方如果不能通过合作相互了解证据信息，就不可能较好地完成庭审；在一些比较轻微的刑事附带民事案件中，如果不能通过合作实现刑罚与赔偿之间的合理置换，对控辩双方都不能实现利益最大化；等等。而在合作谈判过程中，如果没有合作失败后双方继续对抗造成的共同损失作压力，合作同样很难进行。

（2）程序融合性。程序融合性是指刑事审判中的对抗程序与合作程序往往交织在一起的，即使在没有交叉的情况下，对抗程序与合作程序之间也存在着一定的相互转化性。概括起来就是交叉性和转换性。程序交叉是与上文的程序分离相对而言的。“相反者相成；对立造成和谐。”〔1〕程序分离并非绝对，在特定条件和场合下是相互融合和转换的。比如说，辩诉交易过程中，融合着对抗性程序。控辩双方对己方利益的极力主张和举证，双方不断讨价还价就是对抗性的。而辩诉交易程序又是被嵌入到整个刑事诉讼对抗性过程中的。另外，如果辩诉交易不成功，就会延续对抗程序，继续进行控辩和审判。再有，作为对抗程序集中体现的交叉询问程序中也含有合作性因素。比如，一方举出证人既是为了证明己方主张，也为了查清事实，而查清事实也是对方所期望的。经过交叉询问后，不论证言是

〔1〕北京大学哲学系外国哲学史教研室编译：《古希腊罗马哲学》，商务印书馆 1982 年版，第 37 页。

否成立，均会有助于查清事实。

三、对抗与合作：当事人主义刑事审判模式的效率生产机制

对刑事审判模式的结构进行经济分析，核心就是考察各诉讼主体在对抗与合作机制中是如何生产正义，并实现效率最大化的。

（一）对抗的效率生产机制

对抗的效率生产机制中包含效率因素和条件因素两个方面。效率因素是指能够最大限度促进效率提高的内生因素；条件因素则是指效率产生的应当具备的外在环境因素。

1. 对抗的效率。

（1）在“准市场”的环境中，对抗各方都能根据自身效用最大化原则配置资源，提高资源使用效率。在对抗状态下，双方是类似于市场环境中的竞争关系。每一方都在根据各自的目标以及成本收益情况获取和使用资源。在拥有配置资源的资格和途径的条件下，对抗中的双方都会以实现自身利益最大化为目标来选择自身的行动，直到在目标和资源约束下，达到边际收益等于边际成本的均衡点为止。正如原联邦德国总理、新自由主义学派的信奉者路德维希·艾哈德（Ludwig Er - hard）所说的那样：“竞争是获致繁荣和保证繁荣最有效的手段。只有竞争才能使作为消费的人们从经济发展中受到实惠。它保证随着生产力的提高而带来的种种利益，终于归人们享受。”[1] 如果资源的各个拥有者都使其资源的收益最大化，那么，总产量就

---

〔1〕［德］路德维希·艾哈德：《来自竞争的繁荣》，祝世康等译，商务印书馆1983年版，第11页。

会最大化。这个就是瓦尔拉斯、帕雷托等经济学家所定义的“最大限度满足论”定理。而且，与一般市场竞争环境相比，对抗可以说是一种特殊的更加激烈的竞技，更能激发和增强参与方的动力和热情。因为，对于对抗双方而言，对手明确，非我即彼；利益冲突，互为消长。而市场竞争中，对手广泛而不明确，利益不直接来自或去向某一个对手，竞争的动力极容易被这种广泛性所冲淡。这样，在对抗状态下，对抗各方都能根据自身效用最大化原则增强资源优化配置的动力。亚当·斯密也有着大致相同的论点，在竞争的状态下，每个资源所有者都追求资源收益最大化，每一资源的配置就都能保证在各自用途上获得相同收益率。而且，这样的结论也得到了法学家的佐证。P. 德维林（P. Devlin）教授指出：“获得案件事实真相的最佳方法是让每一方参与者都能主动寻找事实：在这两方面的事实对抗中，双方会将真相真正揭示于天下……两个与案件结局都有着利益牵连的探索者分别从正反两个方向开始搜寻事实真相，这要比那种仅由一名公正的探索者从田地的中间开始查明真相更不可能丢失任何方面。”〔1〕

（2）在攻击和防御中，对抗各方寻求和扩大共同利益的均衡点。对抗中的攻击和防御行为直接构成了封闭的相互制约的均衡体系，在相互对抗中推动事物的发展，这样，可以减少外部的管理和调控成本。另外，对抗双方在互动中逐步明确焦点，根据对方的行为不断调整自身最大化均衡点，寻求符合双方利益的一般均衡点，既可以防止竞争分散带来的成本增加，又避免了过度竞争带来的资源浪费。

---

〔1〕 转引自陈瑞华：《刑事审判原理论》，北京大学出版社 1997 年版，第 313 页。

（3）平等对抗使结果非个人化，创造胜败皆服的环境，提高福利水平。诺贝尔经济学奖获得者、竞争理论大师乔治·斯蒂格勒（G. J. Stigler，1987）在《新帕尔格雷夫经济学大辞典》"竞争"一词中这样写道："竞争系个人（或集团或国家）间的角逐；凡两方或多方力图取得并非各方均能获得的某些东西时，就会有竞争。"[1] 人们之间竞争的目的就是通过获得自身想要的东西来提高自身的福利水平。福利是一个主客观相统一的概念，按照功利主义的理解，就是幸福、快乐。人们能否在竞争中找到幸福，既要看得到了什么，更要看怎样得到的。如果通过一种不公正的形式和方法，不论得到什么，福利都会大打折扣。相反，如果通过一种公正的形式和方法，即使失去了什么，也会感到幸福快乐，至少不那么痛苦。这种"公正的形式和方法"核心就是非个人化的，即非主观任意的和非强制性的。对抗作为竞争的极端形式，满足了公正的形式和实质要求。形式上是直面、公开和充分参与的，实质上是平等和说理的。这使得对抗成为普遍的、福利化程度最高的竞争形式，而抢夺、抢劫等行为永远也成为不了正当的竞争手段。

2. 对抗的条件。对抗不是在任何条件下都会发生，需要一定的条件，条件越成熟，对抗就越激烈。反之，如果对抗障碍较多，则不会发生对抗行为，更不可能产生提高效率的结果。一般而言，需要以下四个必要条件：一是直接对立的利益；二是对立双方平等的地位和对等的权利（自由）；三是充分的信息；四是较少的干预和必要的调控。利益的直接对立就是主体

---

〔1〕［美］乔治·斯蒂格勒：《新帕尔格雷夫经济学大词典》，经济科学出版社1992年版，第577页。

之间存在着对已有利益的争夺关系，一方的利益获得恰为另一方的利益损失。在利益的竞争关系中，双方地位平等，权利对等，不存在任何一方依靠强势地位采取非竞争手段获取利益的可能。双方都根据对信息的获取和分析利用采取对策，信息是充分流动的，对抗中不存在获取信息的人为障碍。更重要的是，对抗的均衡只能依靠双方自身的力量，不存在外力的强制干预和不恰当干扰，但是对于非理性的对抗，会有外力的控制和引导。这些都是对抗需要的理想条件。现实中，往往存在诸多障碍因素阻碍对抗效率的实现。概括起来，主要有：一是对抗双方地位不平等。这直接导致一方利用强势地位在对抗中压制对方，使对方难以获得应当能够获得的资源和手段。二是外在强制干预。外在干预极容易导致对抗双方的权责失衡，产生外部性（下文将进一步阐释），影响资源的合理利用。三是不对称的信息。对抗中，信息是最重要的资源，决定对抗的结果。如果信息不能有效的流通，势必影响分析和决策，进而阻碍信息价值最大化的实现。

（二）合作的效率生产机制

合作的效率生产机制同样包括效率因素和条件因素两个方面。

1. 合作的效率。在当事人主义模式下，诉讼主体的控辩审职能更加明确。这种分工一方面提高了诉讼效率，另一方面从某种意义上说对抗的定位又加剧了控辩双方的对抗与竞争，过度竞争则可能带来交易成本的提高，效率的下降。这也是市场经济形态下离不开国家宏观调控的原因。因此，对抗竞争中蕴含了合作的需求。由于诉讼风险的不确定性和控辩双方证据的专用性，控辩双方产生了互补性。这也带来了双方的合作需求，通过合作降低诉讼中的交易成本、事实生产成本等各种成本。具体形式而言，合作机制可以带来以下好处：一是降低竞争性，减少重复与浪费；二是发扬互补性，借助对方的核心能力，提高诉讼主体的诉讼能力和审判效果；三是扩大生产性，创造新的收益机会；四是实现资源从估价低的一方流转到估价高的一方，提高资源使用效率。

伴随刑事诉讼的现代化，合作现象越来越多，越来越普遍，而控辩双方之间的对抗会有所减弱。传统刑事诉讼中，对证据具有较强的依赖性，证据规则等法律技术的运用对成败起着关键作用。控辩双方倾向于依靠取得确实充分的证据和掌握娴熟的法律技术来寻求诉讼利益。现代社会，司法价值呈现多元化趋势，证据积累和法律技术运用对于实现当事人的诉讼目标暴露出诸多局限性。比如：控辩双方仅仅依靠自身所搜集的证据很难完全证明事实，必须整合控辩双方资源，借助于知悉和综合分析利用对方证据才能证明本方需要的事实，例如证据开示制度。甚至，即使综合利用了双方所有证据，仍未能排除合理怀疑，使得诉讼限于僵持状态，必须寻求外部解决途径。辩诉交易等合作模式的推广就是明显例证。还有从成本角度考虑，诉讼职能的分化导致各方独立搜集证据、独立诉讼。这虽然整体上有利于优化诉讼结构，提高效率，但具体个案情况下可能会导致各方诉讼成本提高、诉讼风险加大的后果，将诱使各诉讼主体放弃对抗，寻求合作。此外，在司法价值观日趋统一和审判日趋标准化的背景下，一些标准化的案例直接矫正着对立双方的诉讼预期。在预期结果基本一致的条件下，控辩双方更容易选择近乎人情的合作方式寻求纠纷解决，分享合作剩余。[1]

自愿合作是实现效率的最佳途径。“在一个对第三方没有影响的市场上，禁止交易会减少社会财富，并同时会减少自由或自主。”[2] 相应地，如果合作能给第三方带来正效应或者尽可能少地带来负效应，那么合作必然带来效率的增进。而有效率的合作一般是通过对抗和谈判来实现的。在双方地位平等以及没有强制干预的情况下，当事人可以在对抗谈判中寻求到合作均衡解，从而提高资源配置效率和司法福利水平。下面我们以刑事和解为例讨论自愿合作的效率问题。

假设富人 A 对穷人 B 实施了加害行为，造成轻微伤害，A 愿意支付 X 金额（该数额对于 B 是可观的，可以极大改变生存状态，而对于 A 却无足重轻）的赔偿金以获取 B 的谅解，同时争取获得减轻 Y 年的刑事处罚。如果 AB 双方自愿达成此协议，那么法律认可该协议就是有效率的。因为：①提高了资源利用效率。由于资源禀赋的差异，穷人 B 对 X 金额的估价要高于富人 A 对其的估价，而富人 A 对 Y 年的估价要高于穷人 B 对其的估价。基于自愿和解，X 金额会从估价低的富人 A 手中流转到估价高的穷人 B 手中，而 Y 年的处罚则会从 B（B 的谅解与否，代表着刑罚能否减轻）手中流转到估价高的 A 手中，从而实现资源优化配置，提高效率。②对于富人 A 而言，虽然失去了 X 金额的赔偿金，却换来了 Y 年的时间价值，可以利用 Y 年时间

---

〔1〕 合作剩余是指资源因合作从对其评价低的地方流入到对其评价高的地方所带来的福利水平的增加。

〔2〕 时显群：“波斯纳法律经济分析学说述评”，载《甘肃政法成人教育学院学报》2003 年第 3 期。

创造远远大于X金额的财富，从而降低了犯罪行为的成本，提高了效率。③对于穷人B而言，X金额的赔偿金给其带来的效用水平会远远大于对A增加Y年处罚带来的效用和福利水平，这一选择也是有效率的。④对于国家和社会而言，前述的效率也是国家和社会的效率。而且，国家还可以通过认可和解，来节省诉讼资源，节约司法成本，缓解案件压力，提高诉讼效率。那么，国家和社会有没有承担额外的成本呢？惩罚和预防犯罪以及教育和改造犯罪人是刑罚的主要目的。一方面，由于是轻微犯罪，危害性不大，可罚性也不强，减轻处罚符合正义和效率原则；另一方面，减轻处罚不等于不罚。刑罚是通过使犯罪人支付成本来实现目的的。A除了要支付X金额的赔偿，还要承担Y年以外的剩余徒刑，这些转换的刑罚组合同样可以使A支付一定的犯罪成本。再者，如果受害人B得不到赔偿，其遭受的物质上、身体上和精神上的伤害将带来致命打击，致其陷入困境，这对国家和社会也是一种成本。与此相应的增加Y年处罚还会使国家支付一定的执行成本。相反，假设穷人B对富人A造成了同样伤害，就不存在和解的基础。因为对A而言，X金额的效用小于Y年，与其接受赔偿，不如多判罚B，以实现心理慰藉；对于B而言，Y年的效用小于X金额，与其支付赔偿金，不如多接受Y年惩罚。即使在执法机关的促使下，形成和解，也是无效率的，因为双方都不自愿，都不满意。

这可以通过实践中的案例予以说明。2006年5月23日，湖北人吕某被打工人员肖某、马某等人殴打致重伤。因经济困难，无力支付后期治疗费。如果不能获得及时治疗，将可能贻误治疗时机导致病情恶化。被害方多次表示，如果被告方支付10万元赔偿金，可予以谅解，并请求法院从轻处罚。经法官多次调解，终因犯罪人家境贫寒，无力赔偿，以无效告终。但被告方与被害方的表达却很值得进行经济反思。被告方的解释是："让我东拆西借赔偿10万元，还不如多判我两年。那么多钱，别说两年（和解成功可减少2年刑期），就是十年八年我也挣不到啊。"而被害人妻子在经过漫长等待后以短信方式向法官表达了自己的无奈、无助和无望："此时我真感生活走投无路。他们把我一家人置于死地，我什么选择都没有。唯一请求法官依法严惩他们为谢！"这是一个发生在我国沿海某个城市的真实案例。对其可作多角度解读，囿于本书研究需要，暂对刑事和解进行经济分析。首先，被害人急需赔偿金进行伤害治疗，存在较强的和解需求，如果被告方是上文所述的富人A，那么和解可以达成，且是有效率的。其次，由于犯罪人同样为上文所述的穷人B，使得其对10万元赔偿金估价大幅提高。按照经济理论，估价没有差异无法形成交易，所以和解无法达成。再者，就被告方而言，从轻处罚的收益无法弥补支付10万元赔偿金的损失，宁愿选择接受刑事处罚，"以罚代赔"。这从其解释中可得到证实。最后，被害方只能如短信所述，选择依法严惩被告方，以求精神慰藉，等待他们的恐怕只能是"二次被害"。

需要指出，上文关于富人与穷人的假定仅是基于研究需要，并不具有任何伦理色彩。因为在资源稀缺的社会中，和解必然要以货币为媒介，富人与穷人的划分是以货币占有的多少为媒介的，这样的假定符合研究目的，且可以简化研究过程。这并不说明在刑事犯罪中，加害人多是富人，被害人多是穷人，更不必然推出富人因为货币禀赋的优势，容易产生犯罪倾向。理论上，即使双方同是富人，或同是穷人，一样存在和解的可能，因为货币无论对于穷人还是富人都是有效用的，货币的赔偿代表着效用的转移。事实上，在司法实践中，货币禀赋程度相近的当事人双方之间的刑事和解是大量存在的。同时，刑事合作必须以自愿为基础，以当事人的边际效用为标准，符合边际效用递减规律。当然，刑事和解给国家和社会带来的不光是效率，也存在成本问题（主要是负外部性，下文专门讨论），但是，效率是远大于成本的。

关于合作谈判过程，有学者指出，可以具体分为三个方面："①确定风险值，不仅要明确各方的资源禀赋状况，还要明确交易双方的竞争情况，确定竞争出价；②预测合作剩余，找出交易双方的评价差异，预测双方福利水平提高的可能程度；③分配合作剩余，在预测的基础上，明确各方获得的份额，分配合作中的风险，履行协议获得剩余。"〔1〕具体到刑事审判的合作中，确定风险值可以理解为明确双方掌握的证据情况和诉求、诉讼能力，以及愿意为诉讼做出的支付和预期的收益等因素；预测合作剩余则是根据合作成果评价合作为双方带来的增值部分；分配合作剩余就是综合风险与成本等因素，在当事人之间分配合作剩余。

2. 合作的条件。但在现实的司法实践中，合作并不是一帆风顺的，存在诸多障碍。比如在对抗过程中合作，控辩双方需要较强的理性思考能力，确定风险值、预测和分配合作剩余需要完善的程序和制度保障以及比较充分的信息。此外，由于需要合作的控辩双方基本立场是对立的，在机会主义和利益最大化的影响下，对策成本相对较高。更重要的是，这种合作具有

〔1〕 魏建："谈判理论：法经济学的核心理论"，载《兰州大学学报（哲学社会科学版）》1999 年第4 期。

明显的外部性。控辩双方合意的对象为刑事裁决，具有公共属性，必须在合法的框架下进行。比如，在辩诉交易时，双方协议的罪名或者刑罚畸轻畸重，都不仅仅是双方内部的事，还会影响外部的社会秩序、法律权威等，造成负面效应。但是，合作失败不仅不能实现共赢，还将造成两败俱伤的局面，难以实现福利水平的最大化。因此，刑事诉讼模式选择和建构的任务应该是要克服合作障碍，创造合作条件，努力减少导致合作失败的因素。

四、法官调控与规范引导

对抗与合作机制的顺利运行需要一定的条件，当条件不具备或者不充分时，对抗与合作的效率难以最大化发挥。同时，控辩双方之间的合作并不是完全封闭的，也有可能对他方造成影响。这些都需要法官调控和规范引导。

（一）机制障碍与法官调控

对抗与合作都可以产生效率，但都不必然产生效率。过度对抗，就像市场经济中的过度竞争一样，会带来低效率和资源浪费，比如周期性的经济危机。过度的合作，又会削弱控辩双方的对抗性、司法的严肃性和法律秩序的规范性，同样造成低效率。而且，即使正常的对抗与合作，其实现机制也往往不是自洽的，存在着上文所述的诸多障碍。对抗与合作有效运行的一系列条件，其中最根本的是控辩双方平等的地位和充分的信息。如何实现？法官的作用不可替代。市场经济不完善，需要国家进行宏观调控；同理，当事人主义的刑事审判机制不完善，则需要法官的积极调控。

有人可能会质疑，当事人主义的特征之一是法官的消极被动中立，现在要求法官积极调控是否矛盾？当事人主义当以控辩双方为主导，法官应恪守消极中立，但不意味着法官在庭审中完全“无为而治”。事实上，当事人主义的刑事审判模式中，也存在大量法官干预因素。比如，组织证据开示、维护庭审秩序、对交叉询问异议的裁决、诉讼指挥，等等。所以，正像职权主义模式下当事人也有部分处分权一样，当事人主义也可以允许法官的适当调控。当然，当事人主义模式下的法官干预主要是依控辩双方的申请。本书认为，法官完全依申请进行干预，并不能达到程序效率对法官的职责要求。为充分发挥对抗与协作的效率，法官必要时可适当主动干预诉讼。“必要时”是对法官干预频率的限制，不宜过多；“适当”是对干预方式的限制，不能违背客观中立性。当庭审中出现控辩双方地位失衡或者信息严重不对称，影响到对抗与合作的顺利进行时，法官要积极调控。例如，当辩方律师明显不能妥当行使辩护权，致使控辩失衡，被告合法利益严重受损时，可建议被告更换辩护人；庭审中出现严重“证据突袭”时，可主动提出休庭，并给予对方准备时间；当双方争辩焦点背离案件争点时，可主动制止；在举证责任和证明标准方面，法官必要时也需主动进行心证释明，以确保当事人与法官之间的信息充分；等等。

（二）合作的外部性与法官调控

外部性，也称外在效应，是一个经济学的概念，指一个人的行为对他人的福利造成的没有在市场交易中反映出来的影响。如果能够增加他人的福利，称为正的外部性；反之，则称为负的外部性。正外部性行为给他人带来的收益往往得不到回报，因此，具有正外部性特征的物品常会供给不足。比如公路，只能由政府而不是私人供应。负外部性行为由于本人获得全部收益，部分成本却分担给他人，所以往往会造成供给过剩。比如企业污染环境的经营行为。外部性的存在将导致私人成本（收益）与社会成本（收益）不一致，从而造成社会资源不能得到有效配置。

解决外部性的根本途径是使外部性内在化，可以通过政府管制和市场机制两种途径解决。科斯定理强调运用有效的市场机制来解决外部性内在化问题。当交易成本为零时，产生外部性的双方谈判交易可实现资源有效配置，结果与初始的产权配置无关。这里，核心问题是清晰界定产权和降低交易成本。然而，现实经济环境中，交易成本不可避免，有时甚至因其过高而阻碍交易发生，从而需要政府的干预。比如，针对污染企业，既可以通过污染权界定和交易解决，也可以通过政府直接管制禁止其从事该项行为，或者通过征收排污费、发放排污许可证等形式解决。

合作审判机制中同样存在外部性问题，即控辩双方的合作行为，可能会对法官或者社会公众产生影响。比如辩诉交易在实现双方满意的同时，还可以缩短诉讼时间，节省第三方司法机关的诉讼成本，即存在正外部性。但是，合作机制中存在的主要是负外部性问题。表现在：

1. 控诉机关与被告方的辩诉交易可能对被害人和社会公众造成负外部效应。实践中，检方为获取辩方的认罪，在指控的犯罪或量刑方面做出的承诺可能超过了被害人的意愿，侵犯被害人的合法权益。辩诉交易可能会降低社会公众的司法福利水平。虽然社会公众与案件定罪量刑结果没有直接关系，但控诉机关的让步可能会损及他们期待的司法严肃性和赖以生存的社会安定秩序。

2. 被害人与被告人之间的协商和解可能对社会公众造成负外部效应。实践中，被害人与被告人之间的协商和解一般都是以被告人支付足额或者超额赔偿金并获得从轻减轻处罚为条件的，即俗话讲的“花钱赎刑”。这无疑会对不同层次的社会公众产生不同影响。弱势群体由于没有支付能力，可能面临较重的处罚，造成公平感缺失。而强势群体则因为支付能力优势，藐视法律的制裁性，不思悔改，滋生新的违法动机。

3. 证据开示可能对证人带来负外部性。证据开示可以使控辩双方获得充分的信息沟通，顺利展开进攻和防御，特别是有利于被告人的防御行为。但是，控辩双方在得到证据开示收益的同时，承担全部开示成本。证据开示一方面增加了证人的费用支出，另一方面，还可能影响证人的生活和工作，甚者对证人的人身安全造成威胁。这些外部成本需要予以解决。

诚然，上述仅是合作机制负外部性的部分情形，如控辩双方的程序选择也可能带来负外部性。依据经济学理论，这些负外部性可以通过规制和权利分配两种途径解决。规制就是完善合作机制依据的程序和实体规则，并制定相应的制裁措施。如，制定证人保护制度等。同时，强化法官的积极调控功能。法官是公共利益的代表，也是法律意志的代表，可以代表国家和社会公众对合作程序和结果进行审查，对给国家和社会公众带来严重负外部性的合作要予以撤销，或不予认可。另外，还可以通过权利优化配置来解决外部性问题。如，赋予被害人对辩诉交易的参与权和监督异议权，增加对违规辩诉交易的制裁来实现外部成本内部化。

当事人主义刑事审判模式证明过程的经济分析

当事人主义的核心是控辩平衡。证据制度是用来规范证据采集、审查、认定等行为的，其价值目标是准确、公正和效率。当事人主义刑事审判中的证据活动是由控辩双方主导的，证据制度所担负的任务应该是控辩双方证明成本的平衡，即要在证据采集、证据审查和证据认定三个阶段实现成本平衡且最小化。证据采集的目的是发现事实，类似于生产，证据制度应该实现生产成本最小化；证据审查是控辩双方相互审查对方证据和事实，主要通过证据信息的交换实现，证据制度要实现交易成本最小化；证据认定主要由法官在双方搜集证据和审查证据的基础上对事实进行认定，其中面临的主要是行为成本，证据制度应该实现行为成本最小化。

一、作为成本平衡机制的证据制度

现代形式诉讼的基本结构趋向控辩平衡、审判中立。为实现控辩双方的地位平等、权利对等和机会均等，刑事诉讼制度规定了各种诉讼规则。证据是诉讼的基础和灵魂，证据制度作为刑事诉讼制度的重要组成部分，也必须体现诉讼的基本结构和原则。纵观诸多刑事审判制度以及理论研究成果，在控辩平衡的实现路径上，多以确保控辩双方的地位平等和保障诉讼权利为重点进行一系列建构。具体而言，就是明确控辩双方的当事人地位，强化被告人的主体地位，保障被告人和辩护人享有的诉讼权利，同时，加强审判权对控诉权的制约，等等。本书姑且将这一类主张和制度称之为“地位论”或者“权利论”。

从权利的视角出发探寻控辩平衡之路确实符合法律的目标和精神。程序正义和实体正义是刑事审判的价值目标。通过诉讼权利的平衡实现控辩平衡，既可以保障当事人的程序参与权和异议权，彰显程序正义要求，又可以促进事实的发现和法律的正确运用，实现实体正义。然而，这种规范化的研究方法和改革思路亦存在明显不足。其中的一个根本问题是这种正义导向下的权利布局能否真正符合实践的要求，起到理想的效果？是否会造成权利过剩或者权利不足的后果？制度正义是否会与当事人的具体正义相冲突，从而削弱行使权利的激励？权利是一个己方“可为”、对方“应为”的规范模式。既“可为”，也可“不为”。所以，权利能否充分行使完全取决于当事人的成本收益比较，个人收益最大化是一个根本原则。沿循此进路，权利平衡并非一个“彻底”的办法，控辩平衡的根本在于控辩双方的成本收益平衡。

法律领域的收益与市场领域的收益相比具有特殊性：①诉讼中的收益具有非物质性特征，难于准确计量。当事人既关注胜诉后的物质收益，更关注自由、精神疾苦、荣誉等非物质利益。②成本收益具有非相关性。类似于市场领域，在一些情况下，诉讼投入的成本越多，获得胜诉的可能性越大，收益的可能性也就越大。但这并非必然。有些时候会出现“沉没成本”问题，造成投入成本的多少与胜负（收益）无关。更重要的是，诉讼中的收益具有法定性，成本的投入必须与法律的理解和运用相结合，否则，将是徒劳的。③特定性。成本投入带来的收益只有投入者本人结合已掌握的其他资源才能够全面衡量，制度以及其他主体均无法知悉所有信息，也无法进行衡量。比如，一方当事人可能会不惜一切代价获取某一项独立看似不重要的证据，但这正是他掌握的证据链的关键一环，缺了这一环，可能导致全部证据都丧失价值。鉴于收益的以上属性，本书将控辩双方的成本收益模型（即收益最大化模型）剔出收益方面的考量，简化为成本最小化模型。也就是说，当事人主义刑事审判模式下的控辩双方平衡是成本最小化平衡，即成本平衡和成本最小。成本平衡包括任一方的自我成本收益平衡和控辩双方的成本平衡；成本最小包括任一方的成本支付最小和审判模式运行的成本最小。自我成本收益平衡可以使任一方根据综合收益决定成本投入，避免入不敷出。控辩平衡有利于形成竞争激励机制，避免形成“价格歧视”，造成资源垄断，从而能够提高双方程序参与能力。成本最小是诉讼参与人和诉讼制度的内在需求，有利于节约诉讼资源，以最小成本获得最大正义。

证据制度的价值目标是准确、公正和效率。就效率价值而言，最简单、最直接的理解是成本最小化。而如何实现效率目标就不是简单的成本最小能够回答的了，最关键要考察成本最小化实现的动力和途径。准确、公正是证据制度的直接目标，所有证据的任务都是准确公正地回答事实和法律问题。以什么样的方式和成本实现准确和公正，这又回到了效率的范畴。因此，无论是证据制度的价值目标，还是价值目标的实现，均离不开效率的提高，证据制度浓缩到一点，就是关于证据的采集、审查、认定的成本管理制度，既有证据收集方面的生产成本，又有证据审查方面的交易成本，还有证据认定方面的行为成本。

二、证据采集：发现事实的生产成本最小化

（一）生产成本论与事实发现

在经济学意义上，生产成本一般是指生产单位为生产产品或提供劳务而发生的各项生产费用，包括各项直接支出和制造费用。生产成本对生产单位而言，具有基础性地位。生产成本过高将增加生产单位的负担，影响净产出。相反，降低生产成本能够降低资源消耗，提高生产力。在证据角度上，刑事审判也可以看做一种生产过程，是生产事实过程。在法官的主持下，控辩双方通过法律允许的方式将案件事实呈现出来。“当事人主义的含义并不在于形式上由控辩双方推进诉讼，其理念是要双方当事人站在对等的立场上，本着平等武装的原则，通过双方的攻击和防御来发现真实。”[1] 虽然客观上案件事实已经发生且存在，但毕竟已经发生，不是正在进行，具有历史性。从客观事实转化为法律事实仍是一个从无到有的过程，或者是从历

---

〔1〕［日］白取佑司：《刑事诉讼法》，早稻田经营出版社 1990 年版。转引自孙长永：“当事人主义刑事诉讼与证据开示”，载《法律科学》2000 年第 4 期。

史形态转化为法律形态的过程，与生产领域的物质加工转换具有很大的相似性。可以说，生产性是刑事审判的一个重要特征。既然是生产事实，就必须要考虑生产成本。宏观上，要研究如何降低司法体系运行的成本，节约司法资源。微观上，要减轻事实生产主体的生产成本，确保以最低的成本发现真实，实现正义。

（二）举证责任分配

经济学上，社会分工是降低生产成本的重要途径。根据资源禀赋、绝对优势、比较优势等情况进行分工合作，有利于实现资源优化配置，节约成本，提高效率。在刑事审判过程中，事实发现的主体涉及法官、控方、辩方等三方，如何协调好三方，分工是关键因素，也就是证据法上的举证责任如何分配。

对此，当事人主义与职权主义的重要区别是法官有无调查取证职权，以及控辩双方的法律地位。在当事人主义模式下，调查取证主要由控辩双方负责，控辩双方处于平等的法律地位，法官无权调查取证。在职权主义模式下，法官承担着重要的调查取证职责。因此，对当事人主义刑事审判模式的分析也就转化为下面两个命题：①法官调查取证是否有利于提高效率？②控辩双方平等对抗是否有效？

在职权主义模式下，法官享有比较广泛的调查取证权。法官可以直接询问证人、被告人，可以进行庭外调查取证，等等。有学者认为，法官直接调查取证可以减轻当事人的负担，节约成本，符合效率原则。这正是职权主义的魅力所在。也有学者认为，法官调查取证侵犯了当事人的程序权，难以保证案件的公正处理，从而不利于纠纷解决，更谈不上提高效率问题。本书认为，职权主义的法官调查取证和当事人主义的控辩双方调查取证的成本收益不能简单直观地进行比较，必须要结合审判程序的特殊性、司法生产成本的特殊性以及审判效果等多方面因素综合考虑。虽然法官一般是精通法律的专业人员，具有丰富的经验，由其进行调查取证更容易找到问题要点，而且法官享有法律赋予的较为广泛的调查取证权和强制措施，容易低成本地保全和获取相关证据。这是职权主义的成本优势。同时，我们也要看到，与当事人主义相比，具有更大的成本上的比较劣势。其一，从信息源上看，职权主义的刑事审判下，被告是最重要的信息源。法官和控方多通过讯问和调查从被告处获取有价值的证据，而当事人主义模式下，控辩双方平等对抗，相互从对方获取证据，信息来源较多，发现证据的机会和成本相对较低。其二，职权主义下，法官与被告方容易被置于对立的位置。被告是事实的亲历者，如果其确实又是犯罪行为的实施者，法官的调查取证则带有直接的治罪目的，被告为逃避惩罚，自然会对法官的调查取证进行抵触，从而增加法官的成本。而当事主义模式下，法官通过观察控辩双方的对抗，从指控和辩解中较低成本地获取证据信息。其三，从动力机制上看，法官的调查取证的动力一般来自于公正司法的需求，没有个人的特殊利益。而控辩双方参加审判除了正义的需求外，还与自身利益密切相关。控方具有追诉的内在倾向，并将胜诉作为职业评判的重要标准。对辩方而言，胜负则决定着其自由、财产、名誉等切身利益的得失。所以，控辩双方具有发现事实的更大动力，更容易以较低成本准确地获取相关证据。其四，研究成本同时必须考虑收益。成本相同，效果不同，效率自然也不同。即使两种模式下的成本相差不大，但在当事人主义模式下，由于控辩双方，尤其是辩方被确实当做诉讼主体，而非客体，通过充分参与刑事审判，亲自主导发现事实，发现正义，共同决定审判结果，更容易在公正结果上取得共识，从而取得较好的审判效果。其五，从语境上看，法官调查取证成本低，一般是指由于法官参与调查取证，减轻了控辩双方的举证负担，降低了控辩双方的成本。但是，从司法制度整体运行上却增加了审判机关的成本支出。因此，这实际上是成本的转移，而非减少。如果法官的调查取证技术水平与控辩双方相等，则成本等价转移；如果小于控辩双方，则这种转移会客观上增加整体成本。

与举证责任分配密切相关的另一个问题是，当事人主义模式下，控辩双方的证明责任分配。控方可以指挥引导侦查，掌握着强大的调查取证的力量和资源。根据成本原则，把责任分配给最容易履行义务或者成本最低的控方无疑是合适的。而被告不仅不承担证明自己无罪的责任，更不承担证明自己有罪的责任。当然，这也不是一项绝对原则。必须承认，并非任何情形下，控方举证的成本都是较低的。例如，在巨额财产来源不明案件的审判中，要求控方证明巨额财产的来源是非法的成本，远远高于要求被告证明其财产来源合法的成本。因为，被告对其获取财产的途径和手段更了解，可以省去调查成本，也更易产生正确结果。我国《刑法》第395条规定："国家工作人员的财产或者支出明显超过合法收入，差额巨大的，可以责令说明来源。本人不能说明其来源是合法的，差额部分以非法所得论。"显然，该规定中关于举证责任的规定是符合成本原则的。然而，也有一些案件的举证责任分配违背了低成本原则，造成实践中的一系列问题，如刑讯逼供案件。刑讯逼供发生在侦查阶段，而侦查活动具有隐蔽性特征，犯罪嫌疑人从被采取强制措施之日起，就完全在侦查机关的控制之下，一直持续到侦查终结。这就大大降低了刑讯逼供被发现的成本，同时，造成被告人和律师获取刑讯逼供证据难度加大，举证成本增加。依据低成本原则，刑讯逼供的举证责任应由侦查机关承担，即由侦查机关证明其侦查过程的合法性。因为整个侦查过程均在侦查机关的掌控之下，实行举证责任倒置成本更低。在当前的司法改革中，侦查机关探索在审讯时录音、录像，打破刑讯逼供的隐蔽性，在控辩双方之间寻求成本平衡点。这些探索也就成为了现阶段有效遏制刑讯逼供的最有力的手段。

（三）控辩双方的调查取证

在当事人主义模式下，法官以及控辩双方的举证责任都进行了比较经济的划分。下一步的问题是，控辩双方如何在举证责任范围内实现调查取证行为成本最小化。实现控辩双方调查取证成本最小化，关键要有有效率的机制和充分的权力（权利）保障。当事人主义模式的成本优势集中体现在了检警一体化的机制和被告方及辩护人充分的调查取证权保障上。

1. 控方当事人化的成本优势。在当事人主义模式下，控方被视为一方当事人。在侦查和公诉的关系上，公诉是龙头，公诉机关享有指挥指导侦查的权力，侦查活动全部围绕公诉展开。我国著名学者陈卫东教授就认为，美国的侦检之间实际上就是一种指导参与型的关系。他指出，虽然美国检察官的主要职责是在代表国家提起公诉，但也有权参与侦查。在大多数案件中，检察官并不亲自进行侦查，而是指导和监督专业侦查人员。在某些情况下，如在那些人口稀少的地区或小城镇中，检察官往往亲自主持并开展侦查工作。在一些大城市，检察官也往往应公众的要求而承担侦查工作。有些检察机构有自己的专门侦查人员；还有些检察机构警察从当地警察局抽调侦探组成侦查队伍。[1] 因此检察官对警察侦查取证活动的指导参与作用是很重要的。控审职能分离后，控诉、辩护和审判构成了现代形式诉讼的基本结构。当事人主义刑事审判模式使控诉方完全当事人化，进一步强化了控诉方由检察官主导的格局，使得侦查机关在检察机关的领导、指导和监督下为提起公诉和支持公诉进行调查取证。这就形成了侦检一体化的模式，避免了侦检机关之间由于彼此独立、分工负责造成的力量分散。正如陈卫东教授指出的："由于侦、检一体化模式是在充分发挥侦查机关和检察机关各自职能作用的基础上，合理、优化配置侦、检两机关的司法资源，并通过适当减少诉讼环节，降低诉讼成本，因而有效地加速诉讼进程；另一方面，通过赋予检察官在这一诉讼阶段具有核心地位，旨在防止侦查机关在刑事诉讼中可能出现的离心倾向，从而极大地增强了控诉职能的有效性。"[2]

2. 辩方主体地位的成本优势。当事人主义模式下的诉讼结构由控诉、辩护和审判三种职能构成，辩护成为了一项基本职能，辩方的主体地位得到了确立和保障。辩护方作为生产事实的主要主体之一，其生产成本的节约主要取决于以下几个方面：一是自主性的增强，二是澄清和证明事实能力的增强。这主要体现在沉默权和人身自由权的确立上。沉默权来源于不被强迫自证其罪的特权。根据一般举证原理，控诉方负有证明犯罪嫌疑人、被告人有罪的责任。同时，沉默权也是对人身价值和人性的尊重。可以说，沉默权是辩护方成为诉讼主体的首要条件。

---

〔1〕 陈卫东：《程序正义之路》（第1卷），法律出版社2005年版，第231页。
〔2〕 陈卫东：《程序正义之路》（第1卷），法律出版社2005年版，第233页。

沉默权在法经济学上的最大意义是降低了错误成本。在沉默权缺失的历史条件下，犯罪嫌疑人或者被告人被当做客体而非诉讼主体，经常沦为被追诉的工具，受到来自侦讯方的压力、强迫、诱导、欺骗甚至暴力，供述职能服从控诉方的需要，因此，有意无意的错误供述在所难免。基于此，现代刑事诉讼制度普遍确立了沉默权制度，用以保障辩方陈述的自主性。基于无罪推定原则，公民在被法院生效判决定罪之前应享有人身自由。在韩国，“政府正通过尽量不拘留侦查原则来保障公民的基本权利，精简拘留侦查机关，加强保护监护处分条件”[1]。被告方享有较大的人身自由，更有利于其参与案件事实的生产，从而节约调查成本。被告方是接近事实最近的主体之一，也是与案件处理结果利害关系最大的主体之一，最有动力和方法查清于己有利的事实。同时，被告方对调查程序的充分参与，将案件调查引向深入，也有利于控方尽快找到案件突破口，节约侦查成本。再者，对辩方人身自由的保障，客观上减少了侦查羁押，减轻了刑事诉讼中的管制成本。

三、证据审查：沟通事实的交易成本最小化

证据审查既有法官对控辩双方证据的审查，也有控辩双方分别对对方证据的知悉和审查。当事人主义刑事审判模式下，法官多是被动判断证据，往往不主动审查证据，证据审查主要由控辩双方完成。控辩双方在开庭审理前知悉并审查对方掌握的证据，为庭审做准备。庭审中，控辩双方围绕对方证据的资

〔1〕［韩］文景铎：“面向21世纪的韩国司法制度改革”，载中央财经大学法律系编：《面向21世纪的司法制度》，知识产权出版社2000年版，第313页。

格和证明力进行公开审查和辩论。这一过程是在调查取证完成后进行，目的是对双方已经掌握的事实进行相互审查、判断事实，可称之为证据审查阶段。

（一）交易成本与证据审查

前文已经对交易成本理论作了详实的阐述。交易成本的内涵非常丰富，按经济学理论，包括产权保护成本、公害和外在成本、信息发现成本、谈判成本以及协议执行成本，等等。多人的集体行为中都存在着交易成本。交易成本的结构和大小决定着集体共同行为的效率。

当事人主义刑事审判是以“正当程序”为价值追求的，法院并不承担查明案件事实的责任。作为裁判基础的事实是通过控辩双方的平等攻击和防御活动展现的，陪审团或职业法官只能依据当事人当庭提供的、并经过充分辩论的证据作出裁决。证据审查是当事人主义刑事审判的必要程序。证据审查的目的是控辩双方分别通过一定的程序知悉和辨别对方的证据，并为庭审做准备，做到攻防间信息平衡，防止突袭。而刑事审判中，控辩双方的利益具有对抗性，为了享有“证据偷袭”所带来的利益，都不愿意将己方掌握的证据过早地被对方知晓，特别是已经掌握的可能不利于己方的证据。又由于控辩双方诉讼资源的严重失衡，辩方在收集证据的能力和条件上远远不能同控方相比。这样，控辩双方之间发现对方证据（特别是辩方发现控方证据）的成本增加，阻碍审判的集中顺利进行。同时，由于证据信息的闭塞和不对称，造成谈判成本增加，控辩双方之间对话合作机制难以形成，影响刑事审判程序的推进。即使在职权主义模式下，法官拥有主动审查证据的职权，控辩双方由于特定的立场仍然对证据审查起着主导性的作用。

（二）证据开示

证据开示是指刑事诉讼中控辩双方在开庭审判前或者审判过程中按照一定的程序和方式相互披露各自掌握或控制的诉讼证据和有关资料的活动。[1] 作为一项刑事诉讼制度，证据开示所要解决的问题主要有：须向对方开示的证据范围；控辩双方分别享有的开示权利和承担的开示义务；开示的时间以及法院在证据开示中的作用。证据开示制度的核心目标是增进双方的相互了解，而“真实最可能发现在诉讼一方合理地了解另一方时，而不是在突袭中”[2]。可以说，证据开示是当事人主义诉讼实质化所不可缺少的制度。

证据开示制度的法经济学意义在于极大地降低了证据信息的交易成本，扫清了控辩双方对抗与合作的障碍。一方面，证据开示制度赋予了控辩双方展示证据的权利和义务，并要求法官监督证据开示，对违反开示的行为进行制裁。对控辩双方而言，增加了“证据突袭”的成本，消除了“证据偷袭”的收益。同时，也增加了证据开示的收益，减少了证据开示的成本。因此，在成本收益机制上导向了证据开示。另一方面，证据开示制度界定了证据开示的时间和范围，扫清了证据交换的发现成本和谈判成本。另外，证据开示制度可以使案件的焦点尽快明确，增加了诉讼的集中性、针对性和准确性，节约了司法资源，提高了诉讼效率。

---

〔1〕 孙长永：“当事人主义刑事诉讼与证据开示”，载《法律科学》2000 年第 4 期。

〔2〕 龙宗智：“刑事诉讼中的证据开示制度研究”，载《政法论坛》1998 年第 1 期。

而且，证据开示制度平衡了控辩双方的司法资源。公平的竞技是刑事审判的一个基础。与国家权力相比，辩护方的公民权利呈现明显的弱势，这造成双方地位出现实质上的不平等，进而造成竞争对手之间的司法资源的不均衡，严重影响了审判的效率性和公正性。而一般意义上的法律帮助很难改变这种失衡局面，必须创造条件拓宽辩方对抗的渠道和武装对抗手段的能力。证据开示制度“能够使控辩双方在庭审前充分交换证据材料方面的信息，并特别强调检察官充分展示的法定义务，使其完全丧失信息独占的可能性，也就随之增加了辩护方的防御及抗辩的能力，控辩平等在这一环节真正实现，那么在庭审过程中控辩双方才能平等对抗”[1]。

（三）交叉询问

交叉询问制度是当事人主义刑事审判模式的“灵魂”，也是法经济学意义的主要表现。经过交叉询问，当事人在审查事实方面的收益会有所增加。辩护方作为证据利益的最密切相关者，对控方证据具有天然的质疑和反驳需求。由于亲历案件事实，经过证据开示又对控方证据进行了系统分析研究，相对于职权主义下的法官调查，辩护方的质疑和询问具有更强的反驳力，更容易揭露真相。从认识规律上看，交叉询问是对立双方逻辑演进、经验验证和认识深化的过程，这种互动有利于准确及时地接近案件事实。同时，为应对辩护方强有力的交叉询问，控方不得不进行更加周密的证据侦查和更加充分的庭审准备，以免承担败诉风险。因此，这种“倒逼机制”，也通过提高侦控效

---

〔1〕 陈卫东、郝银钟：“我国公诉方式的结构性缺陷及其矫正”，载《法学研究》2000 年第 4 期。

率促进了庭审的收益。

从交易成本角度讲，交叉询问制度则通过成本机制优化了当事人主义的对抗与合作模型。对抗与合作是以谈判为基础的，谈判取决于谈判成本，而合作还与机会成本密切相关。首先，交叉询问制度使得对质成为必经程序，客观上要求证人必须出庭。控辩双方均可以根据需求依据证据规则对对方证人进行质询，避免了职权主义下出现的证人不出庭、询问证人须经批准等障碍成本。其次，交叉询问过程在法官的引导下公开进行，谈判过程可直接促成法官形成心证，而且，可以得到相关诉讼参与人的证明，可以迅速取得证明实效，减少执行成本。最后，交叉询问通过降低机会成本促进合作。〔1〕交叉询问过程中，理性的诉讼参与人都会根据答问情况形成对事实的理性判断，消除侥幸心理，在事实、法律、刑罚等问题上达成共识，形成合意，进而以非对抗的方式解决纠纷，提高效率。

四、证据认定：确认事实的行为成本最小化

证据认定主要由法官在双方搜集证据和审查证据的基础上对事实进行认定。认定过程是一个主客观相统一的自由心证过程，其中面临的主要是主观因素导致的行为成本。

（一）行为成本与证据认定

证据经过搜查和审查，最终要进行认定，通过证据确认事实。认定是对证据效力的综合评价，是经过主观思考得出的结论。无论是当事人主义模式还是职权主义模式，都带有明显的主观性。但两者也有很大区别，主要体现在：当事人主义审判

---

〔1〕机会成本是指执行某项行动，所能放弃次佳选择的价值。

模式下的事实认定主要由陪审团负责，并要经过严格的庭审程序，充分体现程序正义的要求和精神；职权主义模式下，事实认定则由法官负责，法官主持法庭调查，主动审查证据，并经过自由心证认定事实。相比当事人主义模式，在职权主义模式下，事实确认受法官个人因素影响较大，很可能造成认知结果超出理性范围，出现错误。首先，受认知能力限制，客观问题的复杂性会远远超过法官个人的认知水平，难以探知事实真相，造成审判错误。其次，受非理性因素影响，法官的认知途径和方式容易偏离理性轨道，出现认知偏差。这些非理性因素包括个人经历、情感、偏好、偏见，等等。心理学家认为，认知偏见是任何人皆无法摆脱的心理学规律。人们容易受到“确定偏见”的影响，倾向于运用与先前经验最一致的方法对证据进行阐释，从而形成司法偏见。综上，本书将这种由认知能力和非理性因素导致的认知行为错误，称为行为成本。在法经济学意义上，行为成本体现为错误成本。

（二）法官自由心证的行为成本

无论是当事人主义模式下的陪审团和法官，还是职权主义模式下的法官，都存在裁量的行为成本问题。“理想的事实发现者并非心智白板，坦率地说，他对于在特定案件中到底是原告还是被告应胜诉，心中预留了一份判断。”[1]下面，对法官的行为成本及产生过程以司法直觉为视角作例证性分析。

从司法经验角度看，在自由心证过程中，特别在一些疑难案件的处理中，法官的司法直觉对自由心证起着关键作用。法

〔1〕［美］理查德·A. 波斯纳：“证据法的经济分析”，载《斯坦福法律评论》1999 年第 51 卷，第 1515 页。

官审判时常下意识用到"逆向推理"的逻辑方式，即先凭借司法直觉（见到事实后的"第一感觉"）给出一个"准答案"，然后再返回到案件事实和法律规则中去寻找正当性依据，而不像法律适用模式下先对案件事实和法律关系进行综合分析，然后运用三段式推理作出裁决的"正向推理"方法。司法直觉虽然并非法的认识根源，但它是启动认识程序的关键因素。它不仅为我们提供了一个待证的裁决结果，又促使我们探究结果的正当性。当然，这也很可能是为回避"正向推理"所遇到的各种障碍而采用的一种迂回做法。

这种方法合理性的逻辑依据是"正确答案"，其与司法直觉在多数情况下的一致性。直觉因素在提高审判效率和质量、解决疑难案件等方面有时确实发挥了重要作用。然而，其中也潜伏了众多不确定风险，因为司法直觉在心证中具有随意性，甚或伴有浓厚的情感因素，省略了对案件事实和法律问题的综合分析，或者说将这一工作推脱给了下一步的寻找正当性依据的过程。这可能会造成"有效启发"（类似"会哭的孩子有奶吃"）现象。〔1〕主观因素介入并不必然造成司法裁决的危险性，只是在个人情感作用下，法官会对自己感兴趣的案件要素给予更多关注，而忽略其他要素，很难做到对案件事实和法律关系的全面客观分析。

如果司法直觉的影响仅限于此，后果并不会很糟糕，因为接下来还有一个为心证结果寻找正当性依据的分析过程，这一过程客观上会产生"纠错功能"。然而，问题的关键却是，司法

---

〔1〕 苏力："追求理论的力量"，载［美］理查德·A. 波斯纳：《法律理论的前沿》，武欣、凌斌译，中国政法大学出版社 2003 年版，代译序第 7 页。

直觉具有强大的辐射性和惯性，不仅影响心证结果的形成，而且还会“侵蚀”下一步的论证过程。在论证过程中，曾被司法直觉影响过的法官主观意志上将会产生一种“心理偏好”，即在处理与案件相关的要素时，心理上会对那些与司法直觉一致的要素不自觉给予更多关注，而对那些与司法直觉相悖的要素有意或无意地忽略。这样，各种构成裁决依据的要素在法官主观上没有得到平等地对待，在裁判形成过程中应有的地位和作用也没有恰当反映在法官思维中，进而很容易使法官作出错误裁决。

这种危险性还可以从另一个角度说明。“逆向推理”的过程包括以下四种：①司法直觉下的准裁决客观上正确，且在下一步论证中顺利找到了正当依据，显然将产生一个最终正确的裁决；②准裁决客观上正确，但在论证过程中遇到了更多难以克服的障碍，以致法官掉头怀疑准裁决的正确性，从而放弃“逆推”方法，改用“正推”；③准裁决客观上错误，论证过程中同样遇到难以克服的障碍，从而改用“正推”，重新寻找裁决结果；④准裁决客观上错误，同样在司法直觉的推动下，法官顺利实现了自认为合理的论证，一个错误的裁决就会诞生。简言之如下图：情形 3 即为司法直觉造成的错误裁决。

司法直觉下对裁决的论证 / 司法直觉下的准裁决	论证成功	论证失败
客观正确	1. 裁决正确	2. “逆推”转向“正推”
客观错误	3. 裁决错误	4. “逆推”转向“正推”

以上是法官自由心证过程中行为成本因素的一个侧面分析。当然，法官自由裁量是一个非常复杂的过程，还会受到价值追求、认知心理、个人私利等多方面的非法治理性因素的影响。而且，证据认定和事实确认的过程，也并非纯粹法官个人静态行为，而是涉及控辩双方的互动性的集体行为过程，控辩双方的非理性因素同样会对法官的自由心证带来极大的行为成本，需要予以克服。

（三）当事人主义模式下行为成本最小化

行为成本的存在影响了事实发现的准确性和效率，必须要克服和避免，减少事实发现的成本，提高事实发现的效率。“与认知错觉作斗争的方法之一是监督，另一方法就是对抗制程序本身。”[1] 当事人主义刑事审判模式下确认事实的效率优势集中体现在通过正当程序对行为成本的纠正上。有学者认为，职权主义模式下法官根据审判需要直接调查并确认事实，途径更直接、更集中、更有力度，从而更有利于节约成本，提高效率。形式上看，职权主义的事实确认确实简单方便，但是，我们更应该看到，对效率的考察和追求首先要建立在避免错误，发现真实的基础上。从这一意义上，当事人主义模式为避免行为成本，设计了一整套程序和制度，提高了确认事实的效率。

1. 陪审团的效率性。当事人主义模式下的陪审团由多名非法律专业人士组成，陪审团的决策是集体智慧的体现。“三个臭皮匠顶个诸葛亮”，多人的智慧在抵制偏见、发现真实方面往往胜过法官一个人的智慧。另外，陪审团成员在社会背景、生活

---

〔1〕 苏力：“追求理论的力量”，载［美］理查德·A. 波斯纳：《法律理论的前沿》，武欣、凌斌译，中国政法大学出版社2003年版，代译序第1494页。

经历、职业、价值观等方面更丰富，更接近于生活、当事人和证人，容易摆脱法律思维定势，更容易作出正确的经验判断。而在职权主义模式下，法官个人的决策容易受到心理偏见、认识能力有限、思维僵化等因素影响，出现证据认定错误。

2. 程序制度的效率性。当事人主义还确立了比较系统的程序制度，如起诉状一本主义、诉因制度、辩论和交叉询问程序等。陈卫东教授指出："在当事人主义刑事诉讼理念的支配下，起诉书一本主义、诉因制度和证据展示制度共同构成了当事人主义刑事诉讼结构中的公诉方式。"〔1〕起诉书一本主义要求检察官在起诉时，只能提交具有法定格式的起诉状，表明诉讼主张，不能提交可能使法官产生预断的文书和证据，也不能引用其内容。"使法官产生预断"就是对法官的心理产生影响，如起诉状记载了被告的前科，就可能影响法官的认定。起诉状一本主义，使裁判人员在开庭前对案件的认识处于空白，避免了偏见和预断的形成，减少了行为成本的发生机会。正如陈卫东教授指出："起诉书一本主义的价值主要体现在能够平等地保护控辩双方的诉讼权利，通过排除法官预断而实现公正审判。"〔2〕与当事人主义刑事审判模式和起诉状一本主义相适应，采当事人主义国家大都确立了诉因制度。诉因是指法定构成要件的公诉事实，不仅具有个性，而且为了使被告人充分行使其防御权达到没有障碍的程度，又具有确定性。〔3〕诉因制度要求检察官

---

〔1〕陈卫东：《程序正义之路》（第2卷），法律出版社2005年版，第128页。

〔2〕陈卫东、郝银钟："我国公诉方式的结构性缺陷及其矫正"，载《法学研究》2000年第4期。

〔3〕（台）陈朴生：《刑事证据法》，台湾三民书局1979年版，第24页。

在起诉中必须标明诉因，法院只能在诉因范围内审判，而不能超出诉因范围。诉因制度的经济性一方面表现在能够确保辩护方的防御权，法院可以进行直接集中审理；另一方面，避免过多的事实进入法官视野，对司法认知产生误导，增加认知的难度，造成认知错误。对于辩论和交叉询问程序的行为成本意义，美国律师协会给予了精辟的概括："相对申辩似乎是唯一有效对策，借以抵御人们借熟知事物、对并未完全清楚的事物作过分轻率结论的人性之自然倾向。律师们的辩论等于使案件置于正反两方意见之间悬而未决，使案件的正确类属如此维持在未确定状态中，便有时间可以探索它的一切特性和微妙差别"[1]。

3. 证据规则的效率性。当事人主义刑事审判模式的一个重要特征是证据制度中存在着诸多行之有效的证据规则，如非法证据排除规则、品格证据规则、传闻证据规则，等等。这些证据规则具有丰富的价值：一方面，具有内在的程序价值，体现了正当程序的要求，另一方面，具有外在的工具性价值，有利于查清事实、惩罚犯罪、维护公平正义。主流观点认为，这些证据规则在实现程序正义和实体正义的同时，必然会与效率价值发生冲突，损害效率价值。本书认为，这种观点值得商榷。下面以非法证据排除规则为例予以说明。

非法证据排除规则是对使用非法行为取得的证据在刑事审判中不予采纳的规则，源自于英美法。当今各国大多采用了非法证据排除规则。一般认为，追求非法证据排除规则的公正性，会降低其效率价值。非法证据排除是以司法的严格性、公正性

---

〔1〕［美］哈罗德·伯曼：《美国法律讲话》，陈若桓译，三联书店1988年版，第32页。

为目标的，这必然对控方侦查、收集、审查证据提出更高的程序要求，导致司法资源的大投入、低产出，降低司法活动的效益。非法证据排除规则虽以追求公正为目标，但是否意味着追求公正就必然减低效率呢？非法证据排除规则排除的对象是非法证据，非法证据排除规则如果是低效率的，按照一般逻辑规则，是否意味着非法证据是有效率的呢？对此，本书认为，讨论的核心应该是非法证据的成本和效率问题。如果非法证据是低成本和有效率的，那么非法证据排除规则就是高成本和低效率的；反之，则是低成本和高效率的。

究竟何为非法证据？非法证据的排除范围应该多大？目前仍是不十分确定的问题。即使现在的美国，非法证据排除规则仍没有最终定型，法院仍在不断作出关于此问题的新判例。美国联邦最高法院最初通过判例确立了这一规则，既包括针对非法搜查、扣押、窃听乃至供述的排除规则，也包括“毒树之果”（非法证据的派生证据）的排除规则。但在此后的实践中，该院又根据利益平衡，建立了一系列的“例外规则”，限制非法证据排除规则的适用范围，减少负面效果。[1] 我国学者陈瑞华则主张：“为防止排除规则变成一个纯技术性的法律规则，有必要将需要排除的非法证据区分为三种：一是违反宪法的证据；二是一般的非法证据；三是技术性的违法证据……针对上述三种在

---

〔1〕 Joel Samaha, *Criminal Procedure*, Wadsworth Publishing Company, 1999, p. 431. 另参见 Wayne R. LaFave and Jerold H. Israel, *Criminal Procedure*, second edition, West Publishing Co., 1992, pp. 459～498. 转引自陈瑞华：“刑诉中非法证据排除问题研究”，载《法学》2003 年第 6 期。

侵害权益方面程度不同的非法证据，分别建立相应的法律后果。"〔1〕 2010 年，我国出台了《关于办理刑事案件排除非法证据若干问题的规定》，明确了对于明显违反法律和有关规定取得的证据，不能作为定案的根据，应当予以排除。包括经勘验、检查、搜查提取、扣押的物证，没有勘验、检查、搜查，提取、扣押的笔录，不能证明物证、书证来源的；以刑讯逼供等非法手段取得的口供；以暴力、威胁等方法取得的证人证言；作出鉴定结论的鉴定机构不具有法定的资格和条件，或者鉴定事项超出鉴定机构业务范围的；勘验、检查笔录存在明显不符合法律及有关规定的情形，并且不能作出合理解释或者说明的，等等，明确规定不能作为定案的根据。2012 年，刑诉法再修改时又明确规定了非法证据排除的具体标准：采用刑讯逼供等非法方法收集的犯罪嫌疑人、被告人供述和采用暴力、威胁等非法方法收集的证人证言、被害人陈述，应当予以排除。违反法律规定收集物证、书证，可能严重影响司法公正的，应当予以补正或者作出合理解释；不能补正或者作出合理解释的，对该证

〔1〕 一般情况下，所谓"违反宪法的证据"，是指通过明显侵犯公民的宪法性权利而获取的非法证据。"一般的非法证据"，则主要是指侦查人员的行为没有明显违反宪法，但侵害了公民的一般实体性权利和程序性权利，构成了一般意义上的违法取证行为。"技术性的非法证据"，也就是侦查人员以没有侵害任何一方权益的违法行为获取的证据。对于"违反宪法的证据"，应建立"绝对排除"的规则，也就是毫无例外地、没有任何自由裁量余地的排除。而对那些"一般的非法证据"，则建立"自由裁量的排除"规则，也就是由司法裁判者根据这种违法行为的严重程度和危害后果，作出排除或者不排除，部分排除或者部分不排除的结论。至于所谓的"技术性的非法证据"，由于所涉及的是技术性的违反法律程序，而并未造成某一方利益受到侵害，因此原则上不必为裁判者所排除，其证据的可采性不会因其技术性的违法而受到影响。参见陈瑞华："刑诉中非法证据排除问题研究"，载《法学》2003 年第 6 期。

据应当予以排除。还规定了人民法院、人民检察院和公安机关都有排除非法证据的义务，以及法庭审理过程中对非法证据排除的调查程序。

综观各国的非法证据，均有一个共同的特征，就是违法定程序、采用非法手段获取，并侵害了重大的法律权利。为更具体地说明非法证据排除规则的成本和效率问题，可以以刑讯逼供为例进行阐述。采用暴力或者胁迫的方法获取口供一度在各国的侦讯程序中普遍存在着，我国的司法实践中，刑讯逼供也是一个普遍问题。直观上，从时间成本和物质成本两个维度上看，刑讯逼供方法简单、粗暴，很容易征服被讯问对象并获取需要的证据，貌似节省了时间和物质成本的投入，非法证据似乎很有效率。实际上，这里忽略了效率评价中的最重要一个维度，就是实现目的的可能性和效果。侦讯工作的目标是发现事实，惩罚犯罪，维护公平正义。采用刑讯逼供的方法获取证据虽然简单易行，但是违背了讯问对象的主观意志和科学取证的原则，获得的证据的证明力和价值大打折扣，甚至具有的是负价值，影响整个案件调查的准确性。这种方法带来的并非是低成本的迅速结案，而是无休止的争议和调查的循环反复，造成司法资源的巨大浪费。近年来，我国频繁出现因刑讯逼供而造成的冤假错案。不仅如此，刑讯逼供方法本身也违反程序正义的要求，侵犯了讯问对象的人权，造成巨大的程序成本和人权成本，损害司法的正义性。因此，各国对非法证据进行选择性的排除，是符合效率原则的，有利于惩罚犯罪、维护正义，也有利于降低司法成本。

当事人主义审判模式诉讼行为的经济分析

诉讼行为是审判模式下的具体要素。按照行为属性划分，各种诉讼行为大致可以划分为权力行为和权利行为两大种别。在审判模式中，诉讼行为具有相对性和封闭性，一方的权力（权利）行为总与他方的义务行为相对应，也就是说，讨论一方的权力（权利）行为同时也讨论了另一方的义务行为，所以，权力（权利）行为两个种别基本涵盖我们所要分析的诉讼行为范畴。权力行为主要包括法官的裁判行为和检察官的起诉行为，权利行为则主要是指被告人及其辩护人、被害人及其代理人的诉讼行为。刑事审判过程中，交织了权力与权利、权力与义务、权利与义务的种种冲突与协调，是利益较量最“集中”的环节。本章将对各诉讼主体的诉讼行为及其相互关系进行法经济学分析。

一、诉讼行为的经济分析

（一）法官审判行为的经济分析

在刑事审判过程中，法官的诉讼行为主要体现为审判行为。审判行为是法官在审判程序中实施的所有诉讼行为的总称，范围非常广泛，既有庭审准备行为，又有庭审中的调查和指挥行为，还有裁判行为，等等。当然，最能体现审判行为特征的应该是法官的自由裁量行为。下面将对法官自由裁量行为展开分析。

1. 法官自由裁量行为的法理特征。

（1）法官自由裁量行为的概念。自由裁量最早出现在古希腊政治学研究领域，表现为统治者在面对没有规则的事项时所采取的一种灵活处理方式。而法官自由裁量权在中西方也存在着多种解释。如：《牛津法律大辞典》从方式与结果两方面将自由裁量权定义为：（法官）酌情作出决定的权力，并且这种决定在当时情况下是正义、公正、正确和合理的。[1] 《布莱克法律词典》则强调自由裁量权的自由斟酌特性，其指法官或法庭自由斟酌的行为，意味着法官或法庭对法律规则或原则的界限予以厘定。[2] 《中华法学大辞典（法理学卷）》却从公正与酌情的关系角度将自由裁量权解释为：法官根据正义、公平、正确和合理的原则，对案件酌情做出决定的权力。[3] 而有学者则更为

---

〔1〕［英］戴维·M. 沃克编：《牛津法律大辞典》，北京社会与科技发展研究所译，光明日报出版社 1989 年版，第 261～262 页。

〔2〕张素莲：《论法官的自由裁量权——侧重从刑事审判的角度》，中国人民公安大学出版社 2004 年版，第 14 页。

〔3〕孙国华主编：《中华法学大辞典》（法理学卷），中国检察出版社 1997 年版，第 542 页。

具体地指出，法官自由裁量权是“在法律没有规定或规定有缺陷时，法官根据法律授予的职权，在有限范围内按照公正原则处理案件的权力”[1]。

这些解释虽然在表述上存在一定差异，但究其根本，均揭示了自由裁量权概念的核心，即法官主观能动性与公平正义原则的和谐统一。所以，笔者认为，自由裁量行为就是指在诉讼过程中，法官依据公平正义原则并发挥主观能动性作出裁决的行为。

（2）法官自由裁量行为的法理特征。根据上述定义可以，从纯法理角度而言，法官自由裁量行为具有以下几个特征：

第一，角色：居中性与被动性。自由裁量行为本质上是一种判断行为，即根据控辩双方提供的事实，依据法律，做出是非曲直上的判断。为做到公正裁判，无论在形式上还是在实质上均要保持中立地位，不偏不倚。同时，这种裁量必须依当事人的申请作出，不得主动介入和积极裁判，不告不理。

第二，意志：主观性与客观性。意志是行为的灵魂。有学者认为：“法官自由裁量是一种司法意志，而非法官的一个人的意志。”[2] 此种观点具有部分合理性，但不全面。法官自由裁量是法官依法进行裁决的过程，是一个比较复杂的决策过程，既要体现法官的个人意志，又要体现国家的法律意志。主观性就是指法官个人意志，具有判断性、选择性特征；客观性则指法律意志，具有规范性、确定性特征。自由裁量行为是个人意志和法律意志相互融合、相互作用后形成的司法行为。

---

〔1〕 陈兴良主编：《刑事司法研究》，中国方正出版社2004年版，第443页。

〔2〕 冯亚：《论法官自由裁量的正当性》，中国政法大学2004年硕士学位论文；杨开湘：“法官自由裁量权论纲”，载《法律科学》1997年第2期。

第三，理性：合法性与合理性。这里的理性是指法律上的而非经济上的理性，即正义性。法官是国家的司法人员，代表国家行使审判权，在实施自由裁量行为时首先要考虑法律规定和法治原则、精神，以实现公平正义为目标，依法公正进行裁判。“自由裁量权不应是专断、含糊不清的、捉摸不定的权力，而应是法定的，有一定之规的权力”〔1〕；同时，现实生活又是复杂多变的，法律规定具有不完整性，不可能覆盖到社会的每个角落和每个案件的具体情况，要真正实现公平正义，必须依赖于法官的主观能动性。在自由裁量空间内依据公平合理的原则，运用自身的知识、逻辑和经验，发现和创造“个案法律”，作出合理判决。

第四，策略：多重性与选择性。在一个自由裁量空间较大的案件中，法官可能会面临多种裁决方案。每个方案置于法官的决策系统中都可能成为一种策略。“自由裁量权是在两个或更多的可选择项之间作出选择的权力，其中每一个可选择项皆是合法的。”〔2〕比如在定罪时，法官可能面临罪与非罪、此罪与彼罪的选择；在量刑时，法官可能面临从轻、从重等选择。从一定意义上讲，自由裁量过程就是法官做出策略选择的过程，法官根据事实和法律，综合评价多种备选策略，选择最合理的方案作为裁判结果。

第五，形式：公开性与隐蔽性。自由裁量是法官自由心证

〔1〕［美］伯纳德·施瓦茨：《行政法》，徐炳译，群众出版社 1986 年版，第 568 页。

〔2〕陶泽元：“论自由裁量权的自由度”，载《贵州大学学报（社会科学版）》2000 年第 5 期。

的心理过程和思维过程。按照公开性的要求，法官的审理程序和判决内容要予以公开。自由裁量行为是遵循审判程序正常实施的，程序上符合各种公开性的要求，我们也可以看到裁决的结果和理由，但是，法官分析判断的过程却是无法探知的，具有隐蔽性。

2. 法官裁判行为法经济分析。

（1）经济理性：个人效用最大化。法官是国家权力的行使者，与其他公共机构的官僚并无本质上的不同。作为公共选择理论重要组成部分的官僚经济理论认为，官僚在其公共的或私人的角色中，是个人效用的最大化者。[1] 同样，法官在自由裁量过程中也必将追求个人效用的最大化，即其行为要对自身、他人、社会和国家提供最大的满足。公共选择学者认为，官僚们的一般动机是由5个自利动机和4个潜在的利他目标组成的。这5个自利动机是：自利动机权力（在机构内部或在机构外部的权力）、货币收入、威望、便利（将个人努力最小化）、安全（权力、货币收入、威望或便利在未来有损失的最小可能性）。4个潜在的利他目标是：个人忠诚、责任使命感、为良好的工作业绩而自豪、渴望服务于“公共利益”。[2]

法官的效用最大化具体包括什么呢？斯密早在《国富论》中，就对司法判决进行了经济分析，他深刻地指出司法判决也是一种追求利润最大化的行为，“君主的司法权力，不但对于他毫无所费，而且在长期中还会成为他的一种收入来源。请求他

---

〔1〕效用指消费者在消费商品时所感受到的满足程度。参见高鸿业主编：《西方经济学（微观部分）》（第3版），中国人民大学出版社2004年版，第70页。

〔2〕许云霄：《公共选择理论》，北京大学出版社2006年版，第146页。

裁判的人，总愿意给他报酬；礼物随求随到；君权确立以后，犯罪者除赔偿原告的损失外，还得对君主缴纳罚金……当时的司法行政，不但会对君主提供部分收入，而且这种收益还是他希望由司法行政取得的主要利益之一”[1]。当然，这种依靠司法牟利的观点具有极端性，但从当时的历史背景看也具有一定的合理性。现代社会赋予了法官神圣的职业荣誉和地位，甚至被神圣化，成为公平正义的象征。但是，法官毕竟属于官僚的一员，有自己的效用追求。这些效用既有个人价值方面的，比如个人的职业成就感、个人威望和待遇等，也有司法价值方面的，如社会秩序稳定、惩罚犯罪、诉讼效率等，还有他人价值方面的，如满足当事人诉求等。

（2）行为法经济学上的非理性。行为法经济学研究表明，人们在实践中的许多决策是与理性选择理论相背离的，表现为有限理性、有限自利和有限意志。这使法官在自由裁量过程中，难以保证具有与其职业相适应的价值理性和认知理性。

第一，有限自利。有限自利是指法官并非完全追求个人利益，行为动机中存在着利他动机和公益价值。事实上，法官的自由裁量行为主要是以法的价值为依据和目的的，既要惩罚犯罪、维护社会秩序，又要保障当事人的合法权益。当然，这一过程中也无法回避个人效用的追求，如个人升迁、职业威望、经济利益等。另外，实践中出现的个别司法腐败现象也是这方面的例证。虽然这些自利因素并不占有主导地位，但与司法权的性质和地位相比，也是具有很大危害性的。由于利己动机，

---

〔1〕［英］亚当·斯密：《国民财富的性质和原因的研究》（下卷），郭大力、王亚南译，商务印书馆1997年版，第277～278页。

法官在自由裁量时会或多或少地考虑个人利益，在策略范围内选择最有利于自己的裁量行为。此外，按照经济学理论，在信息不对称的情况下，容易出现道德风险，即利用职权谋取私利。

第二，有限理性。如前文所述，有限理性主要包括启发与偏见。法官在自由裁量中并不是始终以公平正义为唯一目标，会受多种因素影响。法官会对那些对自己主观产生较强刺激或特征明显的案件要素给予更多关注，而忽略其他要素，导致对案件事实和法律关系的分析缺乏全面性、客观性。法官同样是具有自然属性的自然人，无论他如何理性，也无法根本摆脱心理偏见的制约。这些偏见包括对诉讼当事人、案件事实以及法律的偏见，其作用于法官的思维过程时极易影响裁决的正当性。例如，在关于过错的判断上，法官就很容易根据损害已经发生的客观事实，过高估计损害发生的可能性，对过错与否做出带有主观偏见的判断。

第三，有限意志。行为人不是总能对自己的效用函数有清醒的认识，并能控制和管理自己的最大化需求。例如，习惯、传统和嗜好都可以使行为人的认识和行为选择形成惯性，并被重复实施，尽管这些行为不一定是最有效率的。另外，饥饿、痛苦、性等生理欲望也可能暂时性地成为个人的主导效用并控制选择，而这些生理欲望也极有可能违背长期效用最大化。例如，法官在自由裁量中普遍存在的经验主义。“心理学的哲学基础在于理性主义和经验主义”。[1] 经验主义在疑难案件的自由裁量过程中表现非常突出。法官习惯于依靠潜在经验支配的司

---

〔1〕［美］Robert J. Sternberg：《认知心理学》（第3版），杨炳钧、陈燕、邹枝玲译，中国轻工业出版社2006年版，第3页。

法直觉启动认知程序，采用“结果—依据—结果”的思维模式解决疑难问题。但是，一方面，司法直觉启动认知程序的可靠性是难以保证的，造成结果公正性不足，另一方面，由此产生的“心理偏好”[1] 难以确保认知过程的全面性和完整性。

（二）检察官诉讼行为的经济分析

检察官诉讼行为是检察官在刑事诉讼过程中实施的各种行为，包括对侦查活动的指导监督、强制处分，等等。其中与刑事审判最密切相关、也最具代表性的是起诉裁量行为。下面以起诉裁量行为为例进行分析。

1. 检察官起诉裁量行为的法理分析。

（1）检察官起诉裁量行为的概念。当前，世界各国的刑事起诉制度主要有起诉法定主义和起诉便宜主义两项原则。由于起诉法定主义植根于“有罪必罚”的报应刑理论和严格规则主义，该模式下的检察官没有起诉裁量权。起诉便宜主义则是适应诉讼经济和刑罚个别化的要求而发展起来的，是对刑事程序中的各种利益进行权衡选择的结果。实行起诉便宜主义的国家都赋予了检察官比较宽泛的起诉裁量权。检察官可以根据具体案件的具体情况，参照法律的政策精神和相关规定，在不起诉、起诉以及起诉内容上做出处分，以实现案件的公正处理，主要包括不起诉权、辩诉交易权、豁免权、变更起诉权、追加起诉权、撤回起诉权、上诉权，等等。

（2）检察官起诉裁量行为的法理特征。因为同属于自由裁

---

[1] 即在处理与案件相关的事实要素和法律要素时，心理上会对那些与司法直觉一致的要素不自觉地给予更多关注，而对那些与司法直觉相悖的要素有意或无意地有所忽略。

量权，检察官起诉裁量权的特征与法官自由裁量权的特征有诸多相似之处，比如都具有主观性、合法性、选择性等特征。但在一些方面又存在着较大区别，下面作重点分析。

第一，程序性。起诉裁量权是一项程序性处分权力。因为，在刑事诉讼过程中，定罪权专属于法院，检察机关只有控诉职能，而定罪职能属于法院。检察机关作出的不起诉决定只是在程序上阻断了诉讼，并没有在实体上终结案件，不具有实体意义。而且，就性质而言，检察权应属于司法请求权范畴，与终局性的审判权有着本质的区别。

第二，攻击性。起诉裁量权源于控诉职能，旨在高效惩治犯罪行为，犯罪嫌疑人或被告人是其攻击的对象。如果被追诉人被认为构成犯罪，应予以刑事处罚，则向法院提出审判请求；如果认为不构成犯罪或者不应当进行刑事处罚，则会放弃起诉。因此，“在公诉活动过程中，检察机关各项权能的运作不同于法院审判权的运作，公诉机关与被追诉方是对立冲突的，它要将双方的对立提交给审判机关作出最终裁决”〔1〕。

第三，行政性。起诉裁量权属于公诉权的一部分，公诉权的性质决定了起诉裁量权的性质。关于公诉权的性质，陈卫东教授鲜明地指出，检察权的核心是公诉权，公诉权本质上属于行政权。〔2〕陈瑞华教授也认为：“检察权尽管在中国目前的宪政体制下被界定为司法权，但存在很大的缺陷性，就其权力行

〔1〕 陈卫东：“我国检察权的反思与重构——以公诉权为核心的分析”，载《法学研究》2002 年第 2 期。

〔2〕 陈卫东：“我国检察权的反思与重构——以公诉权为核心的分析”，载《法学研究》2002 年第 2 期。

使的性质而言，应属于行政权。”〔1〕基于此，我们认为起诉裁量权应当具有行政性。

行政性行为的典型特征是积极主动性。主要表现在两方面：一是职能启动的主动性。检察官积极进行调查取证，根据事实和证据掌握情况，主动进行追诉，并提起公诉。二是积极追求胜诉结果。为对被告人进行定罪惩罚，积极举证质证和辩论，希望法官支持其主张。

2. 检察官起诉裁量行为的法经济学特征。

（1）效率性。起诉裁量制度建立和发展的背景主要是犯罪率居高不下，大量案件积压，而司法资源相对有限。为了提高诉讼效率，各国赋予了检察机关一定的起诉裁量权，使检察机关“在保证案件处理的质和量的前提下减少司法资源的投入，降低诉讼成本，通过调整所入的既定成本的组合方式，优化司法资源的配置，以扩大刑事案件的处理总量”〔2〕。

（2）自利性。检察官与法官一样，都属于官僚系统的一部分。因此，在行使刑事起诉裁量权时同样有自己的利益追求。检察官的基本职责是侦控犯罪，维护社会秩序，其自利追求也是与履行职能相结合的。为获得较高的个人威望和较大的职业成就感，检察官具有强烈的控诉欲望；为了降低指控风险和提高侦控效率，检察官根据利益权衡，与被告方就指控内容进行协商交易。另外，出于自利动机，检察官还可能会滥用起诉裁量权。

---

〔1〕陈瑞华：“司法权的性质——以刑事司法为范例的分析”，载《法学研究》2000年第5期。

〔2〕毛建平：“论起诉裁量权的经济性价值”，载《改革》2004年第3期。

（三）当事人诉讼行为的经济分析

这里的当事人主要指与案件关系最为密切的被告人和被害人。被告人是被追诉的对象，参加诉讼不仅要对抗指控，还要维护自身的合法权益。被害人参加诉讼则是为惩罚犯罪和维护自身权益。双方在查清案件事实、正确适用法律以及维护自身利益等方面具有共同追求，下文一并予以分析。

1. 当事人诉讼行为的法理分析。当事人诉讼行为的法理特征主要是私权性和防御（攻击）性。

（1）私权性。相对于检察官的控诉行为和法官的审判行为，无论是被告人的诉讼行为，还是被害人的诉讼行为，都不具有公共性和强制性，属于私权范畴。当事人可根据需要和法律规定，自主选择诉讼行为，自愿处分诉讼权益。

（2）防御（攻击）性。对被告人而言，诉讼行为主要表现为辩护行为，即针对控诉依法做出无罪、罪轻或者减轻、免除刑罚的辩解。由于相对于检察机关的指控，被告人处于弱势地位，为提高被告人的防御能力，法律赋予了被告人沉默权等消极辩护权和委托辩护人等积极辩护权进行有效防御。对被害人而言，则是协助检察机关指控被告人，通过惩罚犯罪行为维护自身权益。

2. 当事人诉讼行为的法经济学分析。当事人诉讼行为在法经济学上的特征是指基于当事人的普通自然人属性而具有的特征，主要包括以下两方面：

（1）自利性。被告人和被害人参加到诉讼中，都是个人利益最大化者。被告人通过辩护，提出证明自己无罪、罪轻或减轻、免除处罚的证据，说服控方降低指控，说服法官从轻处理。能够证明无罪，不会承认罪轻；能够证明应免除处罚，不会认可减轻处罚。即使是放弃辩护权，完全认可控方的指控，也是被告方经过利益权衡作出的最有利选择。被害人则希望通过对被告人的定罪处罚来获得报复性满足，通过从被告人处获得最大限度的赔偿获得恢复性利益。

（2）行为法经济学上的非理性。无论被告人，还是被害人，在刑事审判中都容易受到情绪性非理性因素的影响，在表达诉求方面表现出有限理性和有限意志。对被害人而言，受现成性启示影响，被犯罪行为侵害的情形和后果会产生深刻印记，并有放大的倾向，所以，对司法机关给予被告的预期惩罚会比被告客观上应承受的惩罚更加严厉。当司法机关依法作出的判决达不到被害人的心理期望时，将会引起被害人的不满。由于犯罪行为对被害人造成的精神伤害，致使报复性情绪激增，影响甚至控制被害人的理性诉讼行为。对被告人而言，则容易对犯罪行为及其后果的严重性认识不足，对应得的处罚预期过低。由于被置于受追诉的地位，容易产生“叛逆心理”，固执地对抗控诉方的攻击性行为，不能客观地正视犯罪行为和审判程序，拒绝配合。对于被害人、被告人而言，还存在一个共同的心理特征，就是对法官和检察官有一种先天的不信任感。如果裁判的结果不符合自身预期，就会直接怀疑法官和检察官行为的公正性，而不会仔细分析预期是否合理。造成这种现象的原因很多，但就审判程序而言，信息不充分和沟通机制不完善是个重要因素。

二、诉讼行为关系的经济分析——博弈的视角

当事人主义刑事审判的典型特征是程序的参与性和平等性。上述各主体的诉讼行为在刑事审判中并不是孤立的，而是相互

作用、相互博弈的，共同促进审判程序的推进。

（一）当事人主义刑事审判的理性之维

不同于职权主义模式下的个人理性，当事人主义强调的是集体理性。

1. 职权模式与权利觉醒。在传统的司法实践中，法官角色一度被神圣化，成为了名副其实的没有个人利益的超然的正义和法律的代言人。这也是在职权主义模式下法官被赋予广泛职权的重要原因。主要存在两种“神化”司法过程，“美化”法官自由裁量权的现象，在很大程度上掩盖或者削弱了自由裁量中的不正当因素（即法官的利己因素），从而使传统上的审判获得了形式上的“正当性”：一是“审判神话”；二是“适应性偏好”。

法治社会的进程中，一度伴随着这样一种司法现象：一些并不正当的自由裁判行为最终没有带来非常糟糕的结果，没有引起司法参与者的严重对抗，相反同样能够取得纠纷解决的效果。然而，仔细分析一下特定历史条件下的社会意识和政治意识，我们不难发现，在传统的司法实践中，受多种社会因素的影响，多数社会公众对审判的认识几乎到了盲目信任的程度，他们毫无怀疑地将审判理解为法官适用法律的过程，而法官是正义的和超然的。日本学者棚濑孝雄将这种在国外也普遍存在的现象称为“审判神话”，正如他在《纠纷解决与审判制度》一书中所描述：“一般人所相信的，审判不过是忠实地将法律适用于事实这样一种忽略审判自身创造法律作用的法律适用模式，使审判具有了安定、确实的外观，并因其静态而朴素的性质不引人注目。这正是使关于审判制度的无知与信任奇妙地共居一处的原因所在”[1]。正是这样一种信任，压抑社会公众对审判正当性的本能诉求，使他们仅仅满足于一纸决定。

论及社会公众的主观满足，我们又不得不讨论另外一种普遍存在于包括司法权在内的公共权力行使领域的政治哲学现象——“适应性偏好”[2]。这种现象使得那些在审判神话中姑且保存一丝清醒头脑的社会公众彻底丧失了对正当性的怀疑勇气和获得主观满足的信心。众所周知，曾一度相对落后的司法水平、相对恶劣的法治环境等因素根本无法满足社会公众的司法正义需求，而且，司法决定的背后矗立着强大的强制力，其执行根本不会考虑相对人是否满意。长此以往，人们的心理形成了强大的惯性和适应性。过多关注难以实现的正当性，不仅被认为是徒劳的，甚至会被理解为非理性的和愚蠢的。在社会文明进步的特定历史环境下，“审判神话”和“适应性偏好”曾合伙使社会公众对正当性的“需求弹性”几乎接近了零。社会公众只能通过降低需求标准进行“自觉地满足”了。[3]

---

〔1〕［日］棚濑孝雄：《纠纷的解决与审判制度》，王亚新译，中国政法大学出版社1994年版，第38页。

〔2〕指当人们不能实现某种所欲的目标时就会丧失对目标的期望。这种现象的极端例子是“满意的奴隶”：奴隶为了适应被奴役的状态，干脆声称自己根本就不需要自由。是否存在满意的奴隶颇有争议，但适应性偏好作为一种普遍现象，却是心理学和社会学的研究确定无疑地揭示出来的现象。参见［加］威尔·金里卡：《当代政治哲学》（上），刘莘译，上海三联书店2004年版，第30页。

〔3〕弹性概念在经济学中得到广泛应用。只要两个变量之间存在函数关系，我们就可用弹性来表示因变量对自变量变化的反映的敏感程度。高鸿业：《西方经济学（微观部分）》（第3版），中国人民大学出版社2004年版，第37页。笔者借用此概念一再说明，在“审判神话”和“适应性偏好”现象下，公众的正义需求对法官自由裁量行为几乎失去了反映能力。

然而，在今天社会法治文明前进的道路上，“审判神话”的面纱正在被一点点撕裂，社会公正对审判的过程看得更加真切，对法官的“疑心”不断加重，对司法正当性的需求不断提高。历史的演进正在瓦解着“正当性”的传统来源。那种建立在错误信念基础上的司法满足正在被逐渐淘汰。

2. 当事人主义的理性之维。如前文所述，职权主义刑事审判模式下，法官的个体理性被发挥到了极至，审判程序沿循着“命—从”的垂直逻辑演进。法官被神圣化，担当正义输出者的角色。在事实发现、法律适用、定罪量刑等方面均发挥主导作用，审判程序被认为是法官依靠个人理性“生产”正义。控辩双方在法官的主导下，按照法官的意志参与审判程序，实施诉讼行为，并接受裁决结果。在法经济学的视野下，法官的个人理性被“怀疑”，正当程序的基础被动摇，只有当事人的主体地位，扩大程序参与权，使审判程序更多融入集体理性，实现个体理性与集体理性的统一，才能最终实现诉讼主体的个人效用最大化和社会福利最大化的统一。正如哲学家绍伊默（Seume）所言，“因为我要你如何，所以你就应当如何，是没有意义的。但是，因为我应当如何，所以你也应当如何，是法律的一个正确结论和基础”[1]。

当事人主义模式的逻辑结构是参与性和协商性的，确立了良好的个体理性与集体理性的互动机制。法官不再仅仅是正义输出者，也是正义接受者。“法官在裁判着他人的同时，也裁判着自己；在裁判着正义的同时，也被正义裁判着。”[2] 控辩双

〔1〕［德］拉德布鲁赫：《法哲学》，王朴译，法律出版社2005年版，第79页。

〔2〕赵芳：“法官自由裁量权的角色理性之维”，载《山东审判》2006年第3期。

方既是正义的被动接受者，也是正义的主动创造者。比如，被告方既要接受法律的正义审判，又要在法律程序中积极创造和争取属于自己的正义因素，消灭和拒绝属于自己的不正义因素。在这种模式下，控辩审三方共同创造正义。刑事裁决与其说是法官单方作出的，不如说是控辩审三方共同创造的。而这一过程也正是刑事审判程序的正当化过程。

（二）当事人主义刑事审判中的博弈与均衡

亚里士多德认为，人类在本质上是一种政治动物。每一个个体的决策都不是孤立的，都将取决于他对其他个体行动的预测。由此出发，唯有在博弈的视野下研究当事人主义刑事审判过程才能彰显这一模式的力量和效率。正如有学者所指出的，“没能充分利用博弈理论是不幸的，因为现代博弈理论为人们理解法律规则如何影响人的行为提供了非常深刻的洞察力”〔1〕。

1. 博弈理论与刑事审判。作为研究“理性人的互动行为”的学科，博弈论有群体性、互动性、策略性和理性等四个基本特征。〔2〕群体性是指参与活动的人数在2人以上，而不是单个人；互动性是指集体参与并影响结果的形成，而不是某个人单独决策；策略性是指每个参与人自主选择并考虑到相互依赖性；理性是每个参与人都追求个人效用最大化，追求最优对策。同时具备这些特征的问题，就可以纳入博弈理论范畴进行考察。

刑事审判程序，质言之就是法官与控辩双方、控辩双方之

〔1〕［美］道格拉斯·G. 拜尔、罗伯特·H. 格特纳、兰德尔·C. 皮克：《法律的博弈分析》，严旭阳译，法律出版社1999年版，第1页。

〔2〕张维迎：《博弈论与信息经济学》，上海三联书店、上海人民出版社、格致出版社2004年版，第6页。

间信息交流和策略互动的过程，各诉讼主体相互争斗又相互妥协，个体理性与集体理性既冲突又衡平。诉讼中，各参与人的行为是直接相互影响的。例如，法官裁量时不仅要考虑到当事人行为对自己行为的影响，也要考虑到自己行为对当事人行为的影响。刑事审判的最终效果不仅取决于法官行为，同时取决于当事人行为。反之，当事人的诉讼行为亦是如此。这正是博弈论研究的基本问题和核心内容。

不仅如此，刑事审判中的单一主体的行为中也存在着博弈性因素。以法官的裁判行为为例。法官依规则裁判是天经地义的，但影响法官裁判的仅仅是规则吗？当然不是。利益集团的左右、社会舆论的压力、道德的束缚、判决后果甚至心理因素都可能对法官的裁判行为造成重大影响。比如，判决的社会后果，波斯纳指出，在法官判决时，“后果从来不是无关紧要的。如果后果相当严重，后果就会影响决定”〔1〕。实践中，这种例子也不胜枚举，比较典型的如四川泸州“二奶继承案”、河南郑州的“张金柱案”。〔2〕所以，可以说，法官的裁判行为本身也是一个多种竞争性因素相互影响和博弈，最终实现某种均衡的过程。

由此，刑事裁判过程在博弈论下可被分解为决策与均衡两个问题。但是，刑事裁判又是一种司法行为，正当性是其本质属性和价值追求，博弈必须在法律的约束条件下进行，既要考虑行动的支付函数，又要考虑行动的法律正当性，进行法律上

〔1〕［美］波斯纳：《法理学问题》，苏力译，中国政法大学出版社1994年版，第189页。

〔2〕前者法官迫于社会舆论的压力，依据公序良俗原则否定了死者生前所作的关于将遗产赠与“二奶”的遗嘱的效力；后者法官迫于媒体的压力，将曾为公安局长的张金柱判处死刑，以致其在法庭上公开宣称，“是记者杀了我”。

正当的决策和均衡。因此，博弈论下的决策和均衡问题在自由裁量中就转化为对以下两个问题分析考量：①明确正当性均衡状态；②进行正当化战略选择。

2. 刑事审判中的均衡。博弈论是以个体理性决策理论为基础的。人们在决策时会理性地选择最大化其预期效用函数的最优行动。而均衡是所有参与人的最优战略或行动的组合，[1] 是一种“进去就出不来”的定态，[2] 在这种状态下参与者均没有动机改变自己的策略。刑事审判下的理想裁决，就要使裁决结果达到参与者都可以接受且没有动机改变的均衡状态。

这把问题带到了下文将讨论过的关于“刑事审判的判解”的问题（详见第6章）。正义是所有诉讼参与人的价值目标，也是当事人主义刑事审判的均衡解。正义具有客观合法与主观合理两极状态。所以，刑事审判的一个正当化均衡点是合法性解，另一个则是从可接受性出发，令所有诉讼参与人都满意的合理性解。

3. 博弈策略。

（1）合法性路径。合法性路径，具体而言，就是各诉讼参与人（法官、检察官、被告人、被害人等）围绕法律问题进行行为选择，致力于证明或阐明己方事实的法律意义，进而证明己方意志与法律意志（法治原则、精神、政策等依据）的一致性，寻求合法性的裁决结果。在法律规定明确的情况下，控辩双方都要证明己方事实和主张符合法律规定，对方事实和主张

---

〔1〕 张维迎：《博弈论与信息经济学》，上海三联书店、上海人民出版社、格致出版社2004年版，第7页。

〔2〕 丁利：“作为博弈规则的法律与关于法律的博弈：写在前面”，载［美］道格拉斯·G. 拜尔、罗伯特·H. 格特纳、兰德尔·C. 皮克：《法律的博弈分析》，严旭阳译，法律出版社1999年版，第6页。

不符合法律规定。在法律规定不明确、存在自由裁量空间的情况下，各方诉讼参与人就要对事实和主张进行分析和分解，对相关法律和精神进行阐释，寻找出最合理的法律阐释，并以此为标准，证明具体合法性问题。而后一种情况在实践中最具有代表性。

在存在自由裁量空间的刑事审判中，核心问题是各诉讼参与人的个人意志与法律意志的冲突与协调问题。每一个诉讼参与人的个人意志与法律意志都不是截然分开的。在审判程序中，每个人的行为选择都要受公认的法治精神和原则的制约，既有程序法方面的，也有实体法方面的。而法律意志也必须经过诉讼参与人结合具体个案作进一步的阐释才能得到体现和遵守。审判过程中，包括法官在内的每位诉讼参与人都会面临一条可靠的行为路径，就是对法律意志进行合理阐释，并对相关事实要素进行合理分解，并进行综合分析，最终说明自身的行为策略是依据法律意志做出的，而非仅仅是个人选择。这样的程序正是个人意志与个人意志、个人意志与法律意志、一般化的法律意志与个别化的法律意志不断冲突和充分调和的过程，也是实现裁判行为合法性的过程。

合法性的博弈既有利于实现程序合法性，又有利于实现实体合法性，还可以通过程序合法保障实体合法的实现，形成良性互动。具体而言，合法性策略一方面限制了法官的任意裁判、控方的任意指控以及辩方的任意主张和辩驳，使合法性贯穿于整个审判程序，确保了合法性的实现，增强了审判的正义性。另一方面，这种策略使得审判程序更加集中，促进了审判效率的提高。最后，这样一个关于合法性的辩论和认同过程，还在一定程度上增强了程序的参与性和博弈的充分性，有利于更加理性的均衡的实现。

（2）合理性路径。合理性路径是指根据诉讼参与人效用最大化的需求，以满意为标准，以利益平衡为手段，获取各方均可接受的审判过程和结果的策略选择。这是一个复杂的“讨价还价”式的博弈过程。各方诉讼参与人可以通过比较各方的支付和收益、引用公认的道德情感以及惯例等途径论证诉求的合理性，以获得他方的认可。

其中一个重要原则是利益考量。刑事审判是“一种影响资源配置的决策”[1]。要获得一个有效率的合理裁决，各诉讼参与人必须对利益进行考量。利益有多种，个人的、他人的、社会的，还有国家的。还有学者将利益分为当事人的具体利益、群体利益、制度利益（法律制度的利益）和社会公共利益。[2]足见刑事审判中利益关系的复杂性。这要求各诉讼参与人在审判过程中要全面平衡各种利益，寻求利益的合理均衡点，主要包括己方利益与对方利益的均衡，个人利益与国家、社会利益的平衡，现实利益与预期利益的均衡，等等。利益考量既是思维方法，更是行动策略。法官结合各方的利益诉求，根据各种利益的性质与层次、预期效果、主体境况等形成利益判断。

但是，利益考量主观性较强，是一个各方诉讼参与人追求主观满足的过程。要获得各方都满意的结论，理论上应该存在一个“利益交集”。所有诉讼参与人都应致力于挖掘和发现它，这是一个比较高的要求。其中应该注意两点：一是保持理性人

---

〔1〕盛洪主编：《现代制度经济学》（下卷），北京大学出版社 2003 年版，第 183 页。

〔2〕梁上上：“利益的层次结构与利益衡量的展开——兼评加藤一郎的利益衡量论”，载《法学研究》2002 年第 1 期。

状态，要结合规则、道德、经验、情感等因素对利益进行综合评估，刻出合理的利益诉求；二是法官要注重关注预期效果，用预期效果指导利益考量，并作出裁决。

三、博弈的程序保障机制：正当程序

实践中，博弈是个动态过程，而不仅仅限于上文的静态化研究。博弈中的行动就是一系列的动态行为组合，行动又是以信息为基础的，在运用已有信息的同时，获取新的信息。而且，静态上的权衡是一个无形无影的过程，必须外在化才具有刑事审判所要求的法律意义。这种动态化、外在化在当事人主义刑事审判中主要表现为正当程序。“程序具有某种仪式性、象征性”,[1] 能够将实质理性和形式理性有机结合起来。再者，当事人主义刑事审判本身就是一个动态的均衡过程，既包括实体均衡，又包括程序均衡。

（一）正当程序与刑事审判

正当程序是当事人主义刑事审判的灵魂，其根本点在于保障当事人的诉讼权利，要求保障与审判结果有一定利害关系的人，都有权利和途径参与到审判程序中，并得到充分地提出相关主张并可以举证证明的机会。学者孙笑侠认为：“利益主体参与程序并自主行使权利正是程序正义的灵魂所在。”[2] 通过这些认识，我们可以看出，正当程序首先要求确保相关当事人的知情权，换句话说，就是信息的充分性。只有案件信息全面公开，及时流动，才能使当事人及时作出判断。其次，就是保障

---

〔1〕 孙笑侠：《程序的法理》，商务印书馆 2005 年版，第 16 页。

〔2〕 樊崇义主编：《诉讼原理》，法律出版社 2004 年版，第 223 页。

相关当事人的参与权，提供参与审判的机会和途径，拓宽参与范围，增加参与的深度，彰显当事人主义的参与性和协商性优势。当事人对刑事审判的参与度越强，就越能增强审判程序的互动性和竞技性，促使当事人在审判过程中逐步调整心理预期和博弈策略，变更诉讼行为，向均衡的结果靠近，有效发挥程序对审判结果的影响、制约甚至决定作用，起到“纠纷可以被一种将竞赛理念发挥到极致的法律程序所消化”的作用。

然而，正当程序作为一种审判价值理念，并不具有直接的规范性和约束性，必须要有一系列的制度或具体原则作基础才能有效贯穿于刑事审判中。虽然各国对正当程序的要求和标准并不统一，但从内容看存在着一些共同的要素和标准，这些从根本上决定了正当程序的性质和意义。学者陈瑞华认为正当程序应当包括程序参与性、对等性、及时性、审判者中立和终结性等若干基本构成要素。[1] 宋英辉教授则认为正当程至少应包括以下几项内容：获得听证机会、裁判者公正、提供裁决理由和形式正义。获得听证机会是指应当赋予与裁决具有充分的利害关系的人，在反驳证据的武装下，了解和面对交叉询问、裁决理由和不利证据的机会，包括告知权和及时性、律师帮助权、开示权、证据的出示与反驳、笔录等内容。裁判者公正要求裁判者不存在利益与偏袒、独立裁判、禁止单方联络，等等。裁决理由则包括对事实认定的阐释和对法律结论的说明。形式正义就是指一致性，包括遵循先例、遵守规则。[2] 学者们虽然表

---

〔1〕 陈瑞华：《刑事诉讼的前沿问题》，中国人民大学出版社 2005 年版，第 240 ~ 246 页。

〔2〕 宋英辉：《刑事诉讼原理》，法律出版社 2004 年版，第 41 ~ 54 页。

述有所不同，但都指向了正当程序概念的主要内核，即参与性、公开性、裁决者角色理性等。

刑事审判是一项具有决定意义的刑事诉讼活动。各诉讼参与人基于个人效用最大化的追求有选择地实施各种诉讼行为，在个人利益、他人利益、社会利益以及国家利益之间做出平衡和取舍，每一方的诉讼行为，尤其是法官的裁判行为，将会对其他利益主体产生直接影响。因此，每一项诉讼行为都要受正当程序的约束。正当程序不仅可以从实体保障正义性的实现，在程序上还具备“可以满足当事人的人格要求，使诉讼具有公正、民主、文明、进步的外观，促进裁决的可接受性”的功能。[1] 也实现了法谚所描述的理想目标：“正义不但要伸张，而且必须以看得见的方式伸张。”[2] 美国法学家贝勒斯则更为直接地指出：“程序价值的存在基础在于解决纠纷的内在目的。工具主义方法主要是针对查明真相这一目的，除了因解决纠纷要靠正确的裁决而与解决纠纷有所牵涉外，它并不过问纠纷解决这一目的。法律程序有助于从心理层面上和行动层面上解决纠纷，法律程序的诸多内容虽无助于裁决之准确性但有助于纠纷解决。”[3]

（二）刑事审判正当程序的构建

在当事人主义刑事审判模式中，各诉讼参与人要实现充分博弈，实现裁判均衡，必须有正当程序机制作保障。这些程序

〔1〕宋英辉：《刑事诉讼原理》，法律出版社2003年版，第37页。

〔2〕［美］伯尔曼：《法律与宗教》，梁治平译，三联书店1991年版，第48页。

〔3〕［美］迈克尔·D. 贝勒斯：《法律的原则——一个规范的分析》，张文显等译，中国大百科全书出版社1996年版，第35页。

要素包括外观性、参与性、公开性、角色理性等方面，在追求实质均衡的同时确保程序均衡。

1. 诉讼参与人的角色理性。“我们在很大程度上是根据自己所处的位置来决定行为方式的。实际上，行为人在特定的位置上所采取的行动存在一个可以被接受的限度。”[1] 这个“特定的位置”就是我们所强调的各诉讼参与人应该在刑事审判中扮演的角色，占据的立场。当事人主义在刑事审判中构建起了控辩审三方的等腰三角形架构，首先在结构上实现了均衡，满足了数学意义上的“三角形稳定性”。但是，仅有形式均衡还远远不够，必须同时保证控辩审三方职能的理性回归。审判权具有明显的被动性、判断性、交涉性和中立性，不同于控诉职能。所以，法官要不偏不倚，保持超然性和客观中立性；检察官行使公诉权，代表国家指控犯罪，具有主动追诉性和攻击性。这是相对于审判职能和辩护职能而言的。相对于检察系统以外的力量而言，检察官还要保持独立性，不受外界干扰，这样才能更好行使控诉职能。另外，出于发现真实的必要，检察官在一定情况下还要恪守客观义务；辩方则处于被追诉地位，对控诉进行有效防御，应该享有充分的自治权和辩护权。

2. 参与程序。博弈首先要保证各诉讼参与人能够实质性地参与到审判程序中来。程序参与原则是正当程序最基本的要求和表现，也是实现程序动态性的前提。日本学者谷口安平按照利害关系人的参与形态和程度把“参与”分为“直接参加”、“间接参加”和“参加机会的保障”三类。直接参加要求具有

---

〔1〕［美］K. 杜加克斯、L. S. 赖茨曼：《八十年代社会心理学》，矫佩民等译，三联书店 1988 年版，第 9 页。

利害关系的人直接作为当事者进入程序并实质性进行诉讼活动；间接参加则指潜在的当事者不直接参加诉讼，而由其代表人代为进行诉讼，进而实现程序参与的方式；参加机会的保障意味着，即使当事者没有实际上参加到诉讼中，但只要被给予了参加的机会，就可以视为达到了参加的目的。[1] 我们认为，谷口安平教授对参与情形的分析非常全面，可资参考。在刑事审判过程中，当法庭调查时，允许控辩双方交叉询问，或者当法官对被告人作出裁判时，听取控诉方、被告方的意见和理由，这些都会增强审判程序的民主性、平等性、交涉性和参与性，实现博弈过程的充分性和彻底性，确保达到均衡目标。

3. 公开程序。公开程序既是为了保证诉讼参与人的参与权，也是为了实现信息的充分性。

这里的公开指广义范围内的公开，既包括审判公开，也包括证据开示。证据开示要求控辩双方在庭审前相互展示已掌握的证据，使彼此了解对方的证据情况，做好庭前博弈准备。不仅可以确保信息平等，还可以通过信息平等促进控辩双方的地位平等，为开展博弈创造条件。但是证据开示应避免庭前单方向法官公开证据，以防止法官的先入为主，产生预断。审判公开主要指庭审程序向所有相关诉讼参与人公开，包括控诉内容公开、辩护内容公开、辩论程序公开、法庭调查公开等，以便于博弈参与人知悉相互之间的行动、策略、支付函数等要素的动态变动，及时调整博弈战略，实现博弈均衡。

4. 释明程序。释明程序是要求法官对审判过程中涉及的事

---

〔1〕［日］谷口安平：《程序的正义与诉讼》（增补本），王亚新、刘荣军译，中国政法大学出版社2002年版，第12～16页。

实认定、法律适用、证明责任和标准等问题予以说明。“释明权既是法院的职权又是法院的职责。”[1] 这是一项特殊的公开程序，也是心证公开的表现，不仅会对法官的自由裁量行为形成有效限制，还会对控辩双方的诉讼行为提供指导。这项程序是专门针对法官而言的。因为在当事人主义模式下，庭审由控辩双方主导，博弈也以控辩双方为主，法官处于被动中立地位。控辩双方可以通过宣读起诉、辩护、举证、质证、辩论、交叉询问等程序了解彼此的诉求、主张和判断，根据这些信息，调整博弈战略和行为，追求个人的利益最大化。但是，法官除了对诉讼进行必要的指导外，较少发表意见和干预诉讼，这造成控辩双方难以了解法官的自由心证过程，对法官的认识、判断以及将要作出的判决无法形成合理预期，而法官则可以通过控辩双方的行为作出判断和预期。在这种信息不对称的情况下，必然影响控辩审三方之间的博弈过程和效果。

因此，需要设置法官的释明义务，即对于一些至关重要的或者争议较大的事实和法律问题，法官应采取与其角色相适应的方式阐明自己的意见，以确保信息的充分性。释明权可以分为主动释明和被动释明两种情形。主动释明是指法官对各种涉案事宜依法或者依据案件具体情况进行的自主阐明。被动释明则是指法官依据当事人的申请予以释明。法官首先要审查当事人请求的合理性，并决定是否予以释明。释明程序是当事人主义刑事审判模式下控辩审三方信息沟通的重要桥梁，为实现控辩审三方之间的博弈与均衡，必须要构建完善的释明程序。

---

〔1〕 黄松有主编：《民事诉讼证据司法解释的理解与适用》，中国法制出版社 2002 年版，第 67 页。

当事人主义刑事审判模式"判解"的经济分析

评价一种刑事审判模式，首先要看的是它的价值，即它能为社会发展提供什么，是阻碍还是促进社会的进步。从当今世界各国采用的当事人主义、职权主义以及两者结合的混合主义模式看，都关注了社会发展的一些根本性问题，比如公平正义、人权、效率，等等，并以承担维护社会秩序、保障人权、化解矛盾纠纷等任务的形式表现出来。当然，不同模式之下这些价值和任务是有先后主次之别的，当事人主义更注重保障人权，而职权主义则优先选择维护社会秩序。在这种价值导向下，当面对人类社会共同的刑事犯罪时，不同的审判模式采用了不同的处理方式，给出了不同的答案。本书将这个"答案"称之为刑事审判模式下的"司法之解"。

社会发展应该是以人为中心的，是以实现人的自由、满足人的需求为终极目标的。正像功利主义所认为的，人生的目的都是为了使自己获得最大幸福，增加幸福总量，满足“最大多数人的最大幸福”是社会发展的最高要求。在功利主义的影响下，福利经济学产生并迅速发展，社会发展进入了标榜人类幸福的福利社会时代。各国把实现国民幸福作为社会建设的重要目标，更为突出的是，世界出现了大批福利型国家。社会发展离不开法治进步，作为法治重要组成部分的刑事审判亦应适应社会发展的需要。与各国的法治传统和国情相适应，职权主义的刑事审判侧重于探究事实真相、惩罚犯罪和维护社会秩序，片面强调对客观性和合法性的追求，而往往对人的因素关注不够。这种模式虽然在特定历史条件下满足了当事人的司法诉求，适应并促进了一国政治经济社会的发展。但从根本和长远来看，由于人文关怀的缺陷，则必然暴露出越来越多的弊病。虽然一些在刑事审判中实行职权主义的国家逐步意识到了扩大人权保障的重要性，并在司法改革中建立一系列制度和程序要求司法机关和人员重视当事人的诉求，加强保障人权，但是，这种“给予型”福利增进的做法由于结构性缺陷，实在有“舍本逐末”之嫌，效果不言而喻。正如福利经济学首先提出的命题所指出的：“个人是他本人的福利的最好判断者”。而当事人主义刑事审判模式则把人权保障摆在首要位置，认为当事人自身是其福利最有效率的判断者和选择者，倡导当事人的主体性，尊重和保障当事人的处分权，践行参与性和协商性司法。这恰恰适应了福利社会的要求。那么当事人主义刑事审判模式价值经济理性究竟是什么呢？本章将从司法之解的角度予以说明。

一、福利经济学的启发与刑事审判的价值和功能

（一）福利经济学的启发

从上文关于福利经济学的介绍中，它是边际效用价值论的引申，而边际效用价值是以个人对于商品的主观感受和评价来说明商品价值和价格的决定。其核心观点是，假设市场“完全竞争”，消费者和生产者出于利己目的进行生产与交换，并获取最大利益。它的“最大福利”准则是：消费者遵照自己的收入和爱好安排各项支出，可以获得最大效用或满足；生产者按照供求关系所决定的产品价格和生产要素价格安排生产，就可获得“最大产量”和最大利润。并进一步提出了“消费者主权”的观点，认为它是实现最大效用的根本。所谓“消费者主权”，是指消费者的爱好和选择既是决定消费者最大福利的前提，也是决定生产者最大福利的前提。消费者的爱好和自由是合理地配置社会资源的最高指挥棒。

博登海默指出：“每个社会秩序都面临着对自由、平等和安全权利的分配、限定以及这三种权利之间互相协调的任务，而‘共同福利’或‘共同利益’意味着在分配和行使这些权利时绝不可以超越的外部界限，否则全体国民就会蒙受严重损害，所以，正义应该提出这样一个要求，即赋予人的自由、平等和安全应当在最大程度上与共同福利相一致。”[1] 任何一种刑事审判模式都是为实现增进社会福利的使命而存在的，承载着与之相适应的价值和功能，并通过司法裁决的形式表现出来。司法裁决是刑事审判的“公共产品”，当事人和社会公众是司法裁

---

〔1〕［美］E. 博登海默：《法理学：法律哲学与法律方法》，邓正来译，中国政法大学出版社2001年版，第298～299页。

决的“消费者”。因此，刑事审判要实现司法福利最大化，必须借鉴和导入以下理念和方法：

1. 主客观相统一。美国著名大法官卡多佐谈及法律的效率诉求时，彻底地指出：“法庭判决要最大化地考虑社会政策……法律的终极目的是社会福利——而不是什么正义”[1]。福利是一种主观感受，主观性是福利经济学的重要特征。福利经济学在强调主观的同时，并没有否定客观。虽然这一概念属于主观范畴，却离不开客观标准，比如效用就需要借助财富来衡量。而现代刑事审判往往过于强调客观合法，忽略了主观诉求，难以最大化地增进社会福利。正如经济分析大师熊彼特指出的，主观的理论必须借助于客观事实才能产生客观的结果。而客观的理论也都要提出或暗含包含主观因素的假设或命题。所以，现代刑事审判首先要满足当事人的主观意愿。

2. 个人是其福利的最好判断者，自愿是最大的满足。个人福利是个人的感受，外人无法正确判断，更不能强加。个人根据自身偏好进行自愿选择才能实现福利最大化。法经济学者强调自主的效率性，认为：“‘同意’这个伦理标准——‘帕雷托最优’的运作基础——与康德派所强调的把人当做目的而不是当成手段、或者说是与对自主性的强调是一致的”[2]。而在职权主义刑事审判中，审判权主动干预甚至替代当事人的个人选择，把法官的福利选择强加于当事人，不仅不能增进社会福利，还会造成福利损失，无法实现“消费者”效用最大化。

---

〔1〕 Benjamin N. Cardozo, *The Nature of the Judicial Process*, New Haven: Yale University Press, 1921.

〔2〕 时显群：“波斯纳法律经济学探究”，载《云南社会科学》2003 年第 1 期。

3. 自由竞争是实现最大福利的最有效途径。自由竞争为生产和交换创造了最优条件，也使提高经济效率成为可能。刑事审判中增加自由竞争性因素，可以提高效率，生产出更多的福利，实现“生产者”效用最大化。

（二）刑事审判的功能与价值

刑事审判是“一种由法院代表国家对被告人的刑事责任问题作出最终和权威裁判的活动”[1]。法院和审判是法律制度的中心。刑事审判则是整个刑事诉讼程序的中心，是刑事司法功能和价值的集中体现。不同的刑事审判模式代表着不同的功能和价值。

职权主义刑事审判模式在诉讼功能上奉行实体真实主义，强调实体功能，遵从实体决定程序的原则。即法官在庭审过程中主动依职权调查证据，查明案件的事实，并依据法律运用“三段论”式的逻辑推理，对案件作出正确、公平的评判，使控辩双方息诉服判；在社会功能上注重维护社会秩序，即站在国家和社会立场上，通过查明事实，对犯罪人施以法律制裁，震慑犯罪，同时使被害人的物质利益和人格尊严得以维护，既可以恢复被破坏的社会秩序，又可以防止未来社会秩序被再次破坏。而当事人主义的关注重点则有所不同。在诉讼功能上，强调正当程序功能，遵从程序决定实体的原则。庭审采行控审分离、控辩对抗和审判中立的等腰三角形诉讼构造，控辩双方主导审判程序，发挥程序的事实发现和化解纠纷功能，实现公正审判；在社会功能上，强调人权保障，在尊重个人自由和维护社会根本制度之间寻求最佳平衡。

---

〔1〕 陈瑞华：《刑事审判原理论》，北京大学出版社1997年版，第7页。

在审判价值上，两种审判模式都以公正和效率作为价值追求。职权主义对公正的追求体现在“不枉不纵”的实体公正上，对犯罪行为必须予以追究，而且要证据确实充分，定罪量刑准确。同时，不能对无罪的人作出有罪判决。当事人主义则重视程序公正，尊重当事人平等参与权和各项具体诉讼权利，并为其权利的实现提供充分条件。就效率而言，两种模式都把效率当做重要的价值目标，所不同的是，职权主义主要通过简化程序（简易程序）的方式提高效率，而当事人主义在简化程序的同时，引入了合意机制，尊重当事人的处分权，通过协议解决纠纷。

通过上述分析可以看出，当事人主义刑事审判模式无论在功能还是在价值上，都契合了福利经济学的主张和福利社会的需要。主要体现在：①尊重当事人的意思自治性和处分权。控辩双方具有独立平等的诉讼地位，可以根据自身的福利需求自主选择诉讼行为，这种自治性和处分权比较完整，既有程序上的，又有实体上的。这体现了福利经济学的基本命题，即个人是自己福利的最好判断者。②职责分工明确、权责统一。当事人主义对控辩审三方的权责做了明显界定，并互不干涉。最根本的是确立了审判中立的原则，这不仅使控审分离，而且保证了控辩平等。这为生产和交换福利创造了最优条件，符合效率原则。③对抗性的庭审方式彰显了司法竞技性。福利经济学肯定自由竞争的价值，认为自由竞争可以使边际社会纯产品等于边际私人纯产品，同时使社会经济福利最大化。④肯定自愿交易的法律效力。资源的合理分配是实现福利最大化的必要条件。当事人主义允许控辩双方自愿协商解决纠纷、分配诉求，以保证双方的最大满足，实现资源合理分配。

所以，当事人主义刑事审判模式功能与价值的最大特色是在纯粹合法性之外找到了另一条创造司法福利的有效途径，即合意性裁判，一种通过尊重当事人意愿，承认当事人之间的协商和交易，把当事人的满足视为个人和社会福利增加的刑事审判程序。

二、当事人主义刑事审判模式的二元解

司法裁决是司法功能和价值的集中体现。由于职权主义刑事审判模式在功能和价值上追求实体真实和客观合法，在司法裁决上必然强调合法性标准。这种逻辑非常近似于学者所描述的“实体上妥善的”纠纷解决。即在这种纠纷解决过程中，其一，对于双方当事人将两种关系的调整，原则上并不考虑，对纠纷事实的了解把握基本上被限定在过去已经发生的事实这一范围内。其二，尽量防止甚至排除当事人把感情、情绪、想象等主观方面的因素带进纠纷处理过程，纠纷的解决集中在所谓客观地发生了并存在着的事实上。其三，严格地把当事人及他们之间发生的纠纷与周围其他的任何事区分开来，纠纷的解决限定在有时不过是人为划分出来的特定案件和当事资格这一较狭窄的范围内。其四，纠纷的解决以把握并确认了一定的事实，并在此基础上引用一定规范作出谁胜谁负的结论为满足。其五，为了达到这种一般性、普遍性，作为前提的规范本身往往被要求必须是明确的、可视的，没有太大的选择余地，在使用上鼓励的也不是随机应变的灵活性而是严格遵照规范的依法

性。[1] 而当事人主义由于把人权保障和正当程序摆在突出位置，司法裁决中充分尊重控辩双方的主体性和处分权，当事人的合意性获得认可。据此，与职权主义刑事审判模式的合法性一元解相比，当事人主义的判解包含了合法性与合意性二元因素。

（一）刑事判解唯一性问题

刑事判解就是审判机关做出的关于刑事案件的正确处理方案。对于包括刑事案件在内的法律问题究竟有多少个正确结论的问题，德沃金、哈特、波斯纳等学者均作了深入的探讨。德沃金指出法律是完整的体系，应对法律作整体性解释，“每一个法律问题都有一个正确答案”。哈特和波斯纳则认为疑难案件并无唯一正解，如哈特在《法的概念》一书中鲜明地指出，法的“空缺结构”给司法者留下了自由裁量的空间，既然法律是有漏洞的，法律的解就不应是唯一的。波斯纳认为“个案中的法律与一些事实问题是不同的实体”，以“是”或“否”两值状态存在的司法选项根本无法涵盖所有答案，从而导致疑难案件并无“唯一正解”。即使某个疑难案件真正存在“唯一正解”，但却无法获得或者要经漫长等待，也就等于没有。

学者们的观点可谓系统、深刻，对规范和司法技术意义上的法律的解给予了诠释。法律的不完整性与整体性是存在于法律规范理解上的一对矛盾，不论我们是否承认法律的整体性以及能否实现法律的整体性，具有普适性价值的法律原则和精神贯穿于法律规范之间则是客观的事实。同时，司法又是具体的

[1] 王亚新：《对抗与判定——日本民事诉讼的基本结构》，清华大学出版社2002年版，第68页。

活生生的对象性活动，标榜的是司法者与其他诉讼参与人之间的关系范畴，目的在于解决纠纷、化解矛盾。实践理性[1]层面的司法之解与上述学者讨论的法律规范层面上的“法律的解”仍存在着或多或少的差异。因此，仅从规范和技术意义上单向地理解司法之解有失偏颇，并没有考虑到法律的实践性以及合目的性，是一种典型的唯心论和教条主义的做法。就法经济学而言，审判的正确结论不应只看合法性，更要看其对实际矛盾纠纷的化解，以及对当事人需求的满足。

（二）福利社会与刑事判解

当今世界，福利社会已成为社会发展的主流。这不仅对作为社会管理工作一部分的刑事审判赋予了新的内涵和价值，也提出了更高的要求。福利社会的构建要求刑事审判必须要以当事人幸福和社会福利为核心，既要解决当事人的法律纠纷，更要化解他们的心理诉求，既要考虑“应然”的一面，更应关注“实然”的一面，努力提高社会的福利水平。“任何法律，只要涉及资源使用——而事实上恰恰如此——无不打上经济合理性的烙印，……判决时，你也正在对资源使用的各种可能进行明确或不明确的比较和选择。无疑，判决必须依最有效率地利用资源这一原则进行。”[2]大法官卡多佐则更为直接地指出：“在

---

〔1〕在康德看来，实践理性——亦即道德律的运行——提供了一个制约时空世界中诸种冲突的愿望和经验力量的机制；道德律就是大写的“我”（真正的我自己）的运行。…更高级的愿望不仅使情感服从理性，而且使自己也服从理性的力量。参见［英］韦恩·莫里森：《法理学：从古希腊到后现代》，李桂林等译，武汉大学出版社 2003 年版，第 147 页。

〔2〕［美］理查德·波斯纳：《法律的经济分析》，蒋兆康译，中国大百科全书出版社 1997 年版，第 26 页。

法庭判决中要最大化地考虑社会政策……法律的终极目的是社会福利——而不是什么正义。”[1]

就应然面而言，刑事审判应该以合法为目标，必须追求合法性、超然性、公正性。求证司法之解的过程，也就是法律适用的过程，“如何寻求规则以证明选择的正当性，就成为至关重要的事情”[2]。就实然面而言，司法工作又必须具有合理性、现实性、有效性，注重解决纠纷，寻求当事人的满意，获得可接受性。平衡相关利益冲突、考量裁判将对利益相关方所造成的影响和后果、引导并满足当事方的合理诉求，妥善化解矛盾纠纷，同样是现代刑事裁判活动的重要内容。既然司法裁判不能回避价值评价与后果考量，在这一意义上，它就不是一个自足的或自发的结果。“有关公民权利的政治道德考量，正义、常识、公共政策、功利等考量，都可能构成对法律推理的重要约束。”[3] 并且，在更多时候，裁判者也将其对于上述因素的考量公之于众，目的即在于证明“选择的正当性”。

总之，只有将刑事审判的功能和价值考虑进去，方能彻底揭示这一命题的理论和实践意义。“就如同一个人不能从他的房间中排除至关重要的空气一样，伦理因素也不再能从司法（正义）活动中被排除出去。”[4] “法律的终极原因是社会的福利，

---

〔1〕 Benjamin N. Cardozo, *The Nature of the Judicial Process*, New Haven: Yale University Press, 1921, p. 61.

〔2〕［英］尼尔·麦考密克：《法律推理与法律理论》，姜峰译，法律出版社 2005 年版，前言第 5 页。

〔3〕李桂林：“法律推理的实践理性原则”，载《法学评论》2005 年第 4 期。

〔4〕 Dillon, “Laws and Jurisprudence of England and America”, *Harvard Law Review*, vol. 27, pp. 731 ~733. 转引自［美］本杰明·卡多佐：《司法过程的性质》，苏力译，商务印书馆 2002 年版，第 40 页。

未达到其目标的规则不可能永久地证明其存在是合理的。"[1]"我们应追问理性良心，从我们最内在的天性中发现正义的根本基础。而另一方面，我们应当关注社会现象，确保它们保持和谐的法律以及它们急需的一些秩序原则。""正义和一般效用，将是指导我们进程的两个目标。"[2] 在建设福利社会的要求下，刑事审判的价值回归到并体现于对社会体系正当秩序的维护中，表现于对纠纷的化解和诉求的满足，既要追求法律效果，又要关注纠纷主体的主观幸福感。司法裁决必须把客观效果与主观效果结合起来才具有真正的化解矛盾纠纷、维护社会和谐稳定、增进社会福利的作用。刑事审判能否真正化解纠纷、促进和谐、增进福祉，关键取决于其能否从客观和主观两个方面满足当事人的理性诉求，取决于其能否提供既合法又合理的裁判。因此，本书认为，在建设福利社会的背景下，应从标榜双向关系范畴、涵盖合法与合理、客观与主观两方面内容的正当性视角出发探讨刑事判解。

三、建立在正当性基础上的刑事审判二元解

传统司法实践中，将严格适用法律作出的合法性裁判视为一种司法之解当无任何异议。问题是，基于为满足当事人主观诉求、增进社会福利而承认合意效力并作出合理性裁判是否可以理所当然地成为司法另一种解呢？这里我们就不得不首先要

---

〔1〕［美］本杰明·卡多佐：《司法过程的性质》，苏力译，商务印书馆 2002 年版，第 39 页。

〔2〕［美］本杰明·卡多佐：《司法过程的性质》，苏力译，商务印书馆 1998 年版，第 67 页。

探讨一下司法之解的判断标准问题。

将刑事审判置于福利社会背景下来考察，我们可以得出这样的结论，司法之解与社会层面的政治系统的安定密切相关。在通常意义上，我们对政治系统的安定经由以下三个层面来加以理解：它们分别是规范与价值层面（也可以称为政治文化层面）、结构（structure）层面（即社会—政治结构层面）与行为层面（包括领导者的统治行为与被统治者的政治参与活动）。这其中，由于制度化的因素，规范与价值层面的事物可以在实际的结构中体现，而正当性因素则可以为个人的行为提供观念上与道德上的支持，并为其在哲学、政治学、社会学、法理学乃至实践等方面奠定坚实的基础，这些因素最后会通过个人顺从（compliance）的行为，而成为反映政治秩序安定的明显指标。因此，正当性就成为了评判司法之解的根本标准。

何为正当性？不同学者有不同的解释。苏格拉底和柏拉图认为正当就是善。日本学者谷口安平则认为“正当性就是正确性”。[1] 也有学者认为：“正当性并无清楚的定义，大致就是一群人认为这个命令加诸他们身上是正当的，所以服从。在这样的命令—服从关系中，他们认为命令是可接受的，有志愿服从的意义存在。”[2] 显然，这里重点强调了可接受性。至于行为主体如何获得正当性，马克思·韦伯认为：“行动者可以由下列方式去赋予某种秩序正当性的效力：①传统：其效力在于原先便已被接受的；②基于感情上（尤其是情绪的）信仰：新的宣

---

〔1〕［日］谷口安平：《程序的正义与诉讼》，王亚新、刘荣军译，中国政法大学出版社 1996 年版，第 52 页。

〔2〕顾忠华：《韦伯学说》，广西师范大学出版社 2004 年版，第 166 页。

誓与被认为是值得仿效的模范所形成的效力；③基于价值理性的信仰：被视为绝对价值者所具有的效力；④基于被相信具有合法性的成文规定，这些合法性被参与者视为正当，是因为：那些利害关系这回自愿地同意并接受此种形式；某些人对其他的人拥有正当的权威，因此便强制其服从。”〔1〕

在本书看来，正当性应属于相互影响的不同主体的关系范畴，解决的是行为评判问题，从可接受性的角度解释正当性更具有理论和现实意义。可接受性具有客观和主观双重属性，客观性要求与既定或公认的规则或标准相符，主观性则要求满足人的理性情感需求。“在伦理上，我们可以把正义看成是一种个人美德或是对人类的需要或者要求的一种合理、公平的满足。”〔2〕基于此，本书认为，刑事裁判行为的正当性可以从以下两个方面获得支撑：客观方面的合法性与主观方面的合理性。合法性，即指上述④，要求行为具有规范性特征，与法治的原则、精神、规定相符合；合理性则指①②③情形，行为主体应重点关注行为对象主观心理感受，力求行为结果对于行为对象及一般公众的可接受性。对于司法裁判行为而言，要实现正当性，必须具有充足的法理基础和伦理基础。法理基础主要就合法性而言，伦理基础则主要指合理性。正如有学者所描述的比较理想的纠纷解决的正确性和妥当性：在这种纠纷处理过程中，其一，不仅了解过去在当事人之间发生的事实，还需要把将来

〔1〕［德］马克思·韦伯：《韦伯作品集（Ⅶ）：社会学的基本概念》，顾忠华译，广西师范大学出版社2005年版，第48～49页。

〔2〕［美］罗斯科·庞德：《通过法律的社会控制——法律的任务》，沈宗灵、董世忠译，商务印书馆1984年版，第73页。

当事人双方的关系调整也纳入视野中，尽量给予照顾。其二，不仅考虑客观上发生并存在的事实，而且还努力掌握当事人的感情、情绪、主观想象等心理的精神上的因素，并对症下药式的作出适当对应。其三，不把信息的了解和纠纷的处理仅仅限定在当事人双方这一狭小的范围内，如果认为有必要还可以把周围一定范围内的其他人和事都纳入处理过程，以寻求最佳的解决。其四，不仅仅停留在确认纠纷事实并按照作为前提的规范作出谁胜谁负的结论，而且还往往进一步积极地教育当事人，帮助他们提高认识水平和道德水平，使他们能够心悦诚服地采取正确的态度和行为。[1] 其中，比较恰当地指出了司法裁决的合理性因素。综上，本书认为，合法性与合理性共同构为了司法正当性之解的坐标。[2]

四、刑事审判的合法性解与合理性解

既然合法性与合理性均都可以满足司法之解的正当性要求，那么，他们又如何在实践中贯彻和体现正当性呢？虽然二者均以增进社会福利作为最终目标，但是他们在司法裁决选择中的位阶、价值、中间路径等方面是否完全一致呢？

（一）刑事审判的合法性解

刑事审判中往往会交叉两种因素：一种是法官的个人主观

---

〔1〕 王亚新：《对抗与判定——日本民事诉讼的基本结构》，清华大学出版社 2002 年版，第 67 页。

〔2〕 合法性是指法官裁决的程序和结果应与法律原则、精神、规定等具有一致性；合理性是指法官在行使起诉裁量权时应确保裁量结果在伦理上的可接受性。当然，二者也并非截然分开，相互之间具有一定的互补性和依存性，合法性一般也会满足合理性，而合理性也应当是在合法性的前提之下。

因素，另一种是反映法律意志的客观因素。个人意志与法律意志在互动过程中混合在了一起，从而使得最终的裁决呈现出明显的主观性特征，裁决过程和结果的权威性和公信力受到质疑，其正当性被减弱。经验事实反复证明，裁决的正当性与个人意志的大小表现出极大的负相关关系，即裁决者个人意志越多，裁决的权威性和公信力越受到质疑。因此，在刑事审判中，法官的重要任务是证明裁判合法性，即实现个人意志与法律意志和谐统一。裁决行为受裁决者个人意志和法律意志共同支配，其公正性有赖于主观能动性的发挥，其失当性也主要源自个人意志的介入，造成合法性不足。所以，裁决者必须将其个人意志合法化，寻求个人意志和法律意志的完美统一，实现裁判行为的合法化均衡。这种均衡状态下，法治政策、原则、精神完全内化于裁决者个人意志之中，并对个人意志形成约束，而法律意志则是通过裁决者主观能动地阐释体现于裁量行为之中。这一原则在实践中主要包括以下两种情形：一是“法律适用模式”下的完全依法裁判；二是“自由裁量模式下”的法意阐释裁判。后者又可以分为两种情形：一种是法官通过具体解释并阐述原则和精神，根据形成的法律意志进行准“合法性”裁判；另一种则是基于解决纠纷等功利性目标，经过利益考量、价值评判等综合衡量后，作出的合理性裁判。

这种均衡的正当性基础在于确保了法律意志在司法裁判中充分体现，克服了裁决者个人意志的随意性、差异性、武断性、隐蔽性、经验性等非规范性特征，实现了裁决的客观性、一般性、公开性、标准性、稳定性、可预测性等。它不仅使裁决者能够充分发挥主观能动性实现具体正义，而且可以约束裁决者依法裁量。同时，当事人也得到了诉讼所能给予的法治利益，作为理性的司法参与者，他们不应该再有任何动机通过改变策略破坏这种正当性均衡。换言之，如果任何一方当事人变更策略，提出异议、申诉、寻求法外救济等，结果都是要付出失败的代价。毕竟在法治社会，最高、最权威的标准和约束只能是法律。

（二）刑事审判的合理性解

考虑到福利因素，刑事审判的第二个正确结论是做出令当事人满意的合理的处理，即合理的裁决。“法律制度正当性的最高标准是包括参与人在内的所有社会公众都满意，虽然这个标准几乎不能达到，但作为一个评价变量也不得不考虑。”[1] 主观效用理论认为人类行为的目标是寻求快乐，避免痛苦。根据这一理论，人们决策时总是最大限度地追求快乐和避免痛苦。然而，心理学家告诉我们，由于人类的有限理性，我们并不总能作出理想的决策。基于此，西蒙[2]为我们提供一个被他称为“满意原则”的决策策略。依据满意原则，决策时没有必要考虑所有的选项，也不必逐一计算哪个选项可以最大限度地实现我们的目标。相反，只需找到一个足以令我们满意或达到我们能够接受的最低水平的选项，便可以作出决策。

这一原则在司法实践中也有诸多体现。如民事诉讼调解、执行和解、目前司法实践中正在探索的刑事自诉案件和其他轻微刑事案件的刑事和解新模式、行政诉讼和解制度以及前述

---

〔1〕 梁欣：“刑事诉讼家庭模式的再评价——从对抗到合作”，载《国家检察官学院学报》2005 年第 6 期。

〔2〕 西蒙除获得诺贝尔经济学奖外，还荣膺过美国的心理学卓越贡献奖，主要成果有：《行政管理行为》（1945 年）、《管理决策的新科学》（1960 年）、《思想模型》（1979 年）。

“自由裁量模式”下的功利性裁判，等等。这些方案都不是特别注重合法性，而是注重主观满足，通过自愿获得正当性。下面以调解为例简要说明。从规范意义上讲，调解实际上是一种模糊事实和法律规则的“反司法”行为，在客观合法性那里是找不到正当性依据的。然而，由于调解能够使当事人满意地解决纠纷，提高诉讼效率，因此，这种主观效用完全可以支撑起其正当性基础，从而成为一种在实践中盛行的有效司法方法。

对照前述韦伯理论，满意原则的正当性基础正是其合理性（可接受性）。它可以使人们获得情感上的或价值理性上的满足。“真正的权威并不单纯依赖外在的强制性，而是来源于主体的内心确信与承认。”[1] 只要双方当事人能够自愿接受裁决结果，司法裁决就应当被认为是正当的。这个世界上还有什么能比“满意”带给人们更多的福利呢？真正的正义并不在于裁决者提供了多少，而在于当事人感受到了多少正义！具体到刑事审判实践中，“效率和正义在很多情况下不仅关联紧密，甚至在某种程度内，完全不诉诸公平正义，仅以法律技术的成本利益衡量，反而更可以实现公平正义”[2]。

事实上，有效的裁决并不能仅仅依靠最终得出一个“合法”[3] 裁决就能实现。从经济学角度讲，司法裁判是司法官作为官僚机构的一员提交给当事人的公共产品，人们对司法的“消费”往往不仅是一个“合法”的判决，有时更希望获得一个“满意”的判决。满意原则实现的均衡一方面能使当事人各

---

〔1〕 参见樊崇义主编：《诉讼原理》，法律出版社2003年版，第216页。

〔2〕 简资修：《经济推理与法律》，北京大学出版社2006年版，第6页。

〔3〕 即前述裁决者占优策略选择。

种主观心理需求得到满足，诉讼目的得以实现，另一方面可以保证裁决行为的合理性和可接受性，从而实现利益供给与需求之间的均衡。

满意原则同样是一种“最佳”的策略。这种状态对裁决者而言也是占优的，即不存在帕雷托改进〔1〕的空间，因此也是一种富于效率〔2〕的资源配置方式。关于对满意原则中“最佳”和“富于效率”的理解可以通过辩诉交易加以说明。例如，在一个基本定罪事实清楚、量刑空间较大的案件中，由于客观原因，检察官难以调查到充分的量刑证据，而被告又惟恐检察官进一步调查发现新的证据，被处以较重刑罚，希望通过辩诉交易被尽快判处较轻刑罚。本案若直接起诉到法院，法官也将面临量刑困难。在这种情形下，允许辩诉交易，承认其合意的效力，就是一个比较合理的选择，也是有效率的选择。

五、小结

在一定意义上，刑事审判因其调整双方当事人权利义务结构且在相当范围内具有宣示法律乃至法治的作用，可以被视为公共决策〔3〕的一种，法官亦可以被视为公共决策者之一。在福

---

〔1〕 如果既定的资源配置状态的改变使得至少有一个人的状况变好，而没有使任何人的状况变坏，则认为这种资源配置状态的变化是“好”的；否则，认为是“坏”的。这种以帕雷托标准来衡量为“好”的状态改变成为帕雷托改进。参见高鸿业主编：《西方经济学（微观部分）》（第3版），中国人民大学出版社2004年版，第329页。

〔2〕 一般将帕雷托最优状态称作经济效率。满足帕雷托最优状态就是具有经济效率的；反之，就是缺乏经济效率的。参见上书，第330页。

〔3〕 公共决策主要是通过形成一些规则来解决公民的共同利益问题，如维护公民的基本权益、公共品的分配、公共权力的形成与约束等。

利社会的背景下，正当性作为一个抽象概念，可以当做合法、合理，甚至增进社会福利的原因来理解。当本书指出正当性概念可以作为评估标准时，本书所指的是：价值标准，而非操作标准。亦即，正当性可以提供本书一个关于目的与效率的判断准则，而非直接提供效率的指标。在构建福利社会背景下，不论是法或法治的规范性价值社会化过程，还是福利社会的建立，仅仅可能建立在客观合法与主观合理的二元价值基础上。虽然二者在不同维度上赋予了司法之解的正当性，但在未来的实践中，二者的有机结合才是福利社会背景下司法之解完美的体现。

法经济学视角下刑事审判模式的效率

对刑事审判模式进行法经济学分析，要回答的首要命题就是效率价值在刑事审判的价值追求中究竟应该处于何种地位，我们应该树立什么样的司法效率观。公平与效率是刑事审判的两个价值追求。关于二者关系的研究文献古今中外不胜枚举，但略去枝蔓，其核心观点不外以下三种：一是公平优先，兼顾效率；二是效率优先，兼顾公平；三是公平与效率并重。不同的研究有其独特的背景，也有各自的合理之处，就像本书将研究置于法经济学背景下一样。严格区分出公平与效率孰轻孰重或者说某一种观点的正误，并非本书的目标。本书要强调的是刑事审判的终极目标是增进人类的福祉。从这个意义上，公平与效率都不具有终极性，两者都是实现人类幸福和自由的重要途径。因此，如果一定要以轻重主次的标准来定性公正与效率的关系，在法经济学意义上，认为效率与公平同等重要，或者说效率与公平具有一致性似乎更符合本书的研究意旨。

一、法经济学视角下的刑事审判效率观

刑事诉讼法学界也曾有学者运用法经济学的理论与方法研究刑事诉讼的效率问题。[1] 这些成果多是从节约成本支出的角度研究如何提高诉讼效率。“刑事诉讼的成本包括经济成本和社会成本。其中，经济成本主要有：①基本建设；②公、检、法、司机关的刑事诉讼参加人的工资和办公费用；③国家（主要指人民检察院）在公诉案件中的诉讼费用支出和自诉案件的当事人、刑事被害人、附带民事诉讼的当事人的诉讼费用支出；④强制执行费用；⑤其他诉讼费用。社会成本主要有：①当事人因涉讼而误工；②当事人的精神损失；③因诉讼造成的人与人之间的关系障碍；④剥夺犯罪嫌疑人和犯罪分子的自由、生命造成的社会损失；⑤刑事强制措施对人权的侵害。”[2] “面对现代社会日益高涨的司法投入和持续的高犯罪率、积案率，如何求得诉讼程序的高效而低成本地运作，是各国对传统的刑事诉讼程序进行改革的原动力。总的看，这方面涉及三个话题：一是适当缩短诉讼周期，二是确立刑事案件的过滤机制，三是建立简易程序。”[3] “优化司法资源的配置实际上就是优化诉讼成本

---

〔1〕如：刘仁文研究员的“刑事诉讼的经济分析”（载《国家检察官学院学报》2007 年第 6 期），左卫民教授的“刑事诉讼的经济分析”（载《法学研究》2005 年第 4 期），焦盛荣的“刑事诉讼成本效益的经济分析”（载《兰州大学学报》1999 年第 2 期）。

〔2〕焦盛荣：“刑事诉讼成本效益的经济分析”，载《兰州大学学报》1999 年第 2 期。

〔3〕刘仁文：“刑事诉讼的经济分析”，载《国家检察官学院学报》2007 年第 6 期。

的投入方式。"[1] "我们评价刑事诉讼制度的一个重要衡量标准，就是其运作过程是否具有资源利用上的经济性；在比较不同刑事诉讼制度之优劣时，也关注它们在处理相似案件或能达致相同结果的情况下，何者对诉讼资源的消耗更少。"[2] 他们虽然对诉讼成本的分析较为系统深入，但作为对刑事诉讼进行经济分析或者效率分析的研究，仍显略有不足：一是缺乏对诉讼收益的研究，特别是对主观收益的研究。二是将刑事诉讼活动的效率等同于刑事诉讼制度或者模式的效率。"法律效率的提高有赖于适用法律活动的加强，但适用法律活动的加强只反映适用法律机关工作效率的提高，而不能说明某项法律的全部作用"[3]。三是缺乏对建立在个体理性基础上的各诉讼主体行为研究。四是缺乏效率产生的动态机制研究。

笔者认为，刑事审判模式效率的内涵也是非常丰富的，应该包含以下几个层次：一是目标层次上的福利观；二是方法论层次上的个人主义与集体主义相结合的综合效率观；三是考察维度上的成本观与收益观；四是程序上的平等观和博弈观；五是运行机理上的竞争观与合作观；六是规则保障方面的程序正义观。其中，福利是司法效率观的目标，处于最高层次；个人主义与集体主义是方法论基础，处于核心地位；成本观和收益观是司法效率观的构成要素，处于主导地位；平等和博弈是刑事诉讼主体的地位和行为表现，处于表象层次；竞争与合作是

---

〔1〕 刘仁文："刑事诉讼的经济分析"，载《国家检察官学院学报》2007 年第 6 期。

〔2〕 左卫民："刑事诉讼的经济分析"，载《法学研究》2005 年第 4 期。

〔3〕 胡卫星："论法律效率"，载《中国法学》1992 年第 3 期。

司法效率观的实现机理，处于实质层次；效率的实现需要公平的规则作保障，程序正义是实现效率的基本要求。

（一）目标：福利观

社会福利是刑事审判的最终目标，也是司法效率的最高表现形式。福利观的内涵要求刑事审判的价值目标要定位于社会福利的提高上，而不能仅仅停留在对合法性的追求上。换句话说，应该在确保合法性的前提下，寻求能够增进当事人以及社会公众福祉的司法之解。

（二）方法：个人主义与集体主义

集体主义效率观注重从整体上把握审判模式的效率，衡量不同模式的成本和收益，其中，对成本的考量往往多于对收益的考量。这是长期以来一直在司法理论界和实务界占主导地位的效率观。比如，较多地从节约诉讼成本角度对程序分流、简易程序、刑事和解、辩诉交易进行研究，探讨如何优化司法资源配置，等等。个人主义效率观强调个体理性（个人效用最大化），注重诉讼主体对诉讼程序的参与和从诉讼中获得的满足，实践中对收益的考量往往多于对成本的考量。比如，前文运用博弈理论分析诉讼行为，用福利理论分析刑事判解等。个人主义和集体主义两种效率观，各有所长，各有不足，应当将两者相结合，树立综合效率观，实现个体效率与整体效率相统一，才能真正达到提高司法效率的目的。

（三）维度：成本观与收益观

成本观和收益观是分别从成本和收益的角度对司法效率进行考量。不同的刑事审判模式代表着不同的成本和收益，以及成本收益在不同诉讼主体间的分配结构。成本与收益的关系方面，应当坚持节约成本与增进收益并重，避免只注重节约成本而忽略收益因素。收益观方面，要在物质收益之外更加强调精神收益。司法属于上层建筑领域的活动，主观特性比较强。政治层面上，刑事审判要增强人们对法律的信仰，增强司法的公信力。诉讼主体层面，既要保障合法的物质利益，也要满足正当的精神利益。成本方面，刑事审判程序的运行首先带来成本的支付，程序不同，成本不同。收益既定的前提下，成本越小，效率越高。成本结构上，不同审判模式的不同主体，承担不同的成本。成本分配应该按照各主体的比较优势，遵循最优化原则，即根据诉讼参与人的主体地位和收益情况进行理性分配，避免出现部分主体成本过高、收益过小的情况。理想的成本模式是总量最小、结构均衡。

（四）机理：竞争观与合作观

审判效率是通过诉讼主体之间的对抗与合作实现的。在法律上，竞争观是对刑事审判对抗性特征的直观描述，是司法竞技主义的体现。在经济学意义上，竞争是提高经济效率的根本途径。在法经济学意义上，竞争对提高刑事审判效率同样具有重要意义。刑事审判中的竞争就是要求审判的程序设计要为控辩双方之间围绕诉讼标的展开竞争创造条件、提供机会和扫除障碍，要求控辩双方能够根据自身需要独立自主地进行控诉和辩护，行使各项诉讼权利，要求法官保持独立中立被动的地位，并能对双方的竞争做好调控和引导。

刑事审判过程不完全是竞争性和对抗性的，对抗和竞争也并非是提高司法效率的唯一途径。法经济学意义上，合作是共享信息、达成共识、创造剩余、实现共赢、提高效率的重要方式。刑事审判中各诉讼主体通过加强信息沟通，提高对案件事实和法律问题的认识水平，寻求双方均可“满意”的纠纷解决之道，克服盲目竞争带来的无序和低效率，促进刑事审判“生产能力”的提高。

（五）形式：平等观与博弈观

平等和博弈是刑事审判效率的形式表现，平等是各诉讼主体静态的存在形式，博弈是动态的过程。平等观是从诉讼权利和地位的角度对不同诉讼主体的考量，要求控辩双方以及当事人之间要有平等的诉讼地位和对等的诉讼权利，控诉方不能凌驾于被追诉方之上，更不能侵犯被追诉方享有的各项诉讼权利。平等是司法的基础，也是刑事审判模式有效运行的前提条件。只有控辩双方以及被害人、被告人之间享有平等的地位，才能充分发挥各方的主体性和诉讼积极性，才能展开充分的对抗和协商，才能展现司法的公平性和刑事审判模式的效率性。博弈观是把控辩审各方的行为关系视为对策性的互动过程，每一方的行为既取决于自己的认知，也取决于对他方行为的预测，各方通过互动实现最优的“均衡”。

（六）保障：程序正义观

有公平的程序规则保障与决策有利害关系的相关人参与到程序中，并享有均等的机会。以格劳孔为代表的智者派认为：“公平源于一个不伤害别人也不被别人伤害的契约。”[1] 以斯密为首的古典学派认为，机会均等下的规则公平可以刺激个性解放，提高经济效率。程序正义应以公平的参与规则为中心，只要参与规则是客观公平的，各诉讼主体尽管从程序中获得的收益有所差异，也是公平的、有效率的。

---

〔1〕［美］布罗姆利：《经济利益与经济制度：公共政策的理论基础》，陈郁等译，上海三联书店、上海人民出版社、格致出版社2006年版，第94~96页。

二、法经济学视角下的刑事审判效率理论

上述刑事审判效率观与刑事审判模式相结合，形成了一套以效率为核心的指导刑事程序设计的理论，可以统称为程序效率论。

（一）程序福利与正义论

刑事审判程序的设计应当回应人类社会的福利诉求，只有以增进福利为根本原则的程序规则才能够得到有效实施。过去对诉讼程序的研究关注程序正义较多，英美法系更是将正当程序奉为衡量程序优劣的标准。程序正义固然重要，也有利于保障和增进人们的福利。但它主要是从程序规则意义上提出的一些基本要求，没有明确地指向福利目标。相比程序正义，程序福利作为价值目标更具有终极性和指导性。

（二）程序主体与利益论

控辩审三方是刑事审判程序的基本主体，他们的诉讼行为是推动程序发展的主要动力。刑事审判程序要尊重主体的利益；程序主体要被赋予应有的程序自愿选择权，可以根据自身的利益诉求选择实施程序行为；要有平等的诉讼地位和均等的参与机会，确保有条件表达利益诉求；程序主体会为追求利益最大化进行理性选择，也可能受主客观因素影响，做出有限理性的选择。

（三）程序博弈与均衡论

这是基于程序行为的动态理论。任何程序行为的实施都是为了追求一种更满足的状态，能否达到预期目标不仅取决于目标的正当性，还取决于法律的约束和相关方的态度。刑事审判程序是个体理性和集体理性共同作用的结果；任何程序行为都不是单方的，而是程序主体之间相互影响的选择；程序主体理

想的满足状态是法律约束下的利益均衡，有合法性与合理性两个维度；信息互通是程序博弈的条件，刑事审判程序要有充分的信息沟通机制，其中，证据信息的互通和法官的阐释至关重要。

（四）程序竞争与合作论

竞争与合作是程序参与的表现，是刑事审判模式的结构特点。利益对立是程序主体竞争的根源，互补性是程序主体合作的基础。控辩双方不仅要有明确的职责分工和利益诉求，还要有平等的诉讼地位和对等的诉讼权利；程序主体围绕各自的利益诉求选择对抗与合作，程序规则应该明确法律约束下的对抗与合作空间，使各个主体能够以较小的成本获得应得的法律利益；对抗可能会产生过度竞争和不平等竞争，合作可能会产生合作利益分配不合理以及负外部效应问题，法官应当发挥好“调控”作用，以实现竞争与合作的效率。

（五）程序成本与收益论

成本和收益代表程序资源的配置效果，降低成本和增加收益是程序效率提高的表现。缩短程序期间和简化程序环节可以从整体上、宏观上降低程序成本；扫清程序行为障碍，减少程序运行中的交易成本可以从个体上、微观上降低各诉讼主体的支出。程序收益也包括社会从司法程序中获得的满足和诉讼主体从司法程序中获得的满足两部分。提高司法水平，发挥好司法职能作用是增加收益的根本途径。

三、当事人主义刑事审判模式的效率表现

总结前文对当事人主义刑事审判模式经济性的分析，可以概括出其中蕴含的效率特性：目标上，以合法与合理为坐标，

寻求刑事审判的“二元解”，符合法经济学上的福利理论；主体上，以强化控辩双方的主体性地位为根本，以保障人权为核心，强调个人的理性选择，符合法经济学上的理性选择理论；机制上，构建了对抗与合作的双重机制，尊重控辩双方的选择权和处分权，符合法经济学上的效率原则；程序上，以正当程序保障和促进诉讼参与人之间的博弈，实现个体理性与集体理性的冲突与平衡，符合法经济学上的博弈理论。

(1) 目标上的福利至上：当事人主义以当事人的主导权为基础，崇尚个人权利，尊重个人选择。也就是说，当事人可以根据自己的意愿和需求选择自己的程序权利和实体权利，法律给予充分的尊重。这种实践的逻辑基础是：个人是自身福利的最好判断者和实现者。

(2) 认知上的综合理性：对于需要实质审理的复杂案件，在法官审判的基础上设立了陪审制度，并通过证据开示、交叉询问、辩论等程序保障当事人的参与权，在发现事实、化解纷争、实现正义等方面寻求个体理性与集体理性的统一。

(3) 程序上的资源节约：“当事人主义形成以审判为中心的诉讼制度，侦查、起诉、预审等活动都是为审判作准备，诉讼资源集中投入到审判阶段予以利用。在审级制度上，美国是典型的以一审（初审）为中心的模式，诉讼资源集中投入到一审活动，通过强化初审的功能来避免救济审的频繁启动、重复浪费诉讼资源。还有，美国刑事司法中特别强调被告人接受‘迅速审判’的权利，并将之作为公民的一项宪法性权利以敦促司法机构予以重视。”[1] 更重要的是，美国基于当事人主义精神

〔1〕 左卫民：“刑事诉讼的经济分析”，载《法学研究》2005 年第 4 期。

确立的协商式司法解决了绝大部分刑事纠纷。

（4）机制上的对抗合作：当事人主义最显著的形式特征就是对抗式。由于当事人享有广泛的选择权和自主性，他们为实现自身利益最大化，可以根据对事实和法律的判断，在对抗中选择合作。

（5）主体上的平等分工：控辩审三方具有明确的职责分工，控辩对立，控审分离，控辩双方享有平等的诉讼权利和地位，构成等腰三角形的均衡结构。

当然，这种模式在实践中也时常会出现程序繁琐、对抗过度等妨碍效率实现的问题。同时，当事人主义经济理性的发挥需要一定的条件，而且，可能会产生负外部性的后果，需要合理的规制和法官的积极调控。但这并不是否定当事人主义效率优势的理由。

我国刑事审判模式的改革与完善

我国当前的刑事审判模式为“强制权”模式，当事人主体地位弱化，无法追求个人效用最大化；法官主导审判，其他诉讼参与人处于附属地位，强调法官个人理性的发挥，无法实现个人理性与集体理性的动态均衡；结果上强调客观合法性，忽视主观效用的满足，无法实现福利最大化。鉴于此，在未来审判模式改革中，应当进行当事人主义的改造，同时，保留职权主义的合理优点，建立当事人主义为主、职权主义为辅的刑事审判模式。

一、我国“强职权”刑事审判模式的效率问题

整体上看，我国现行刑诉法确立的仍是“强职权”刑事审判模式，这种模式在追诉犯罪、维护稳定方面具有一定效率优势，但在保障人权、化解矛盾、实现正义方面又有很大不足，需要予以改造。

（一）“强职权”模式

1979年7月7日，全国人民代表大会颁布了《中华人民共和国刑事诉讼法》。这是新中国制定的第一部刑事诉讼法典，它标志着我国刑事诉讼步入正规化。1979年《刑事诉讼法》所确立的刑事诉讼结构的特点，李心鉴博士将其总结为三个方面：一是，控、辩、裁三方分立，构成刑事诉讼构造的主体；二是，控辩双方既对立又统一，决定二者特有的法律关系；三是，控裁双方既配合又制约，形成特有的相互关系。[1] 相比于一般职权主义的刑事诉讼制度，这部刑事诉讼法典赋予了追诉机关、审判机关强大的职权，与此相对应，被告方却沦为了追诉的客体。首先，检察机关享有强大的控诉权。由于司法审查制度的缺失，控诉权不仅没有司法审查的监督，而且还在一定程度上涵盖了定罪权。比较典型的就是免予起诉权，不仅具有程序终结性，而且对被告人的实体权利也有根本性影响。更重要的是，检察机关作为法律监督机关，还可以对审判机关进行庭上、庭下，事中、事后的监督，置追诉权于审判权之上。其次，审判权强大且不独立。法院享有广泛的调查权，甚至代替检察机关行使部分控诉职能。法院对外不具有独立性，必须接受党委的领导；法官对上不具有独立性，必须接受上级的领导，无法根据自己意志独立审判。最后，被告方处于被追诉的客体地位。不享有沉默权，反而被克以如实回答的义务；辩护权较弱，无法得到审判机关的保护。在强大的国家权力面前，往往沦为被追诉的客体，造成了实践中频繁出现的刑讯逼供、超期羁押等现象。

---

〔1〕 李心鉴：《刑事诉讼构造论》，中国政法大学出版社1992年版，第150页。

1996 年 3 月 17 日全国人民代表大会第八届第四次会议通过了《中华人民共和国刑事诉讼法修正案》。从诉讼结构上看，修改后的刑事诉讼法吸收了当事人主义的部分因素，较之以往有了较大的转变，主要体现在以下几个方面：追诉权受到部分弱化，取消了检察机关的免予起诉权；审判权的追诉职能得到部分弱化，改革全卷移送制度为“复印件主义”[1]，庭审由法官主导改为由控辩双方主导，公诉人、辩护人以及当事人可以进行质证和辩论。同时，法院自行调查的权力也受到了限制。2012 年 3 月，第十一届全国人民代表大会第五次会议再次对《刑事诉讼法》进行了修订，当事人主义的精神在修正案中得到了一定体现：一是将尊重和保障人权直接写入刑诉法；二是进一步贯彻无罪推定原则，增加了不得强迫任何人证实自己有罪的规定；三是加强对辩护权的保障，完善了辩护人在刑事诉讼中法律地位和作用的规定，扩大了法律援助的适用范围；四是强化对侦查措施的规范和监督，防止权力滥用；五是扩大了刑事和解的适用范围，设置特定范围公诉案件的和解程序。

尽管如此，我们仍要看到，2012 年修改的《刑事诉讼法》所确立的刑事诉讼模式具有明显的超职权色彩，应属于强职权主义模式。具体而言：其一，作为当代刑事诉讼基石的无罪推定原则没有得到明确确立。具有无罪推定色彩的《刑事诉讼法》第 12 条也仅仅是“吸收了无罪推定的基本精神和要求”[2]。其

---

〔1〕 移送指明犯罪事实并附有证据目录、证人名单的起诉书和主要证据复印件或照片。

〔2〕 陈光中：“坚持惩治犯罪与保障人权相结合立足国情与借鉴外国相结合——参与刑事诉讼法修改的几点体会”，载《政法论坛》1996 年第 6 期。

二，虽然增加了不得强迫任何人自证其罪的规定，但犯罪嫌疑人、被告人仍负有“如实”回答的义务。其三，没有建立令状制度和司法救济制度。追诉机关在侦查中所采取的搜查、扣押等强制措施和其他强制性行为，并不需要接受中立的司法机关的审查或监督，被追诉人也不能向中立机关提出司法救济。这使得极容易扩张的追诉职权难以得到外部公权力的制约，诉讼中的私权利则难以得到充分保障。其四，律师的辩护权保护仍不充分。虽然律师权利有所扩大，如允许侦查阶段委托辩护人，庭审的抗辩性特征增强，等等。同时，律师的一些主要权利仍受到限制：必须经过同意或批准才能向证人、被害人及其提供的证人取证；律师的在场权和调查取证权受到限制，等等。其五，审判权的行政化特征仍然十分突出。法院内部业务决策的审判委员会制度继续存在，法官的薪酬体系和晋升模式仍是行政性的，法院行政领导对法官审理案件有较大的影响。另外，法院对外部的独立地位也无法得到保证。党委、政府以及立法机关对法院行使审判权具有较大的约束。这些都严重削弱了司法权的独立性和中立性。

（二）效率问题

就传统的成本考量，“强职权”的刑事审判模式具有较强的行政色彩，公检法机关置于追诉犯罪的角色，协同作战，在节约诉讼时间、节省司法资源方面容易（并非必然）形成一定优势。但在更广阔的法经济学视野下，这种模式又存在诸多深层次的效率问题。

1. 终极目标的非福利化。公检法机关以打击犯罪、维护稳定、促进和谐为首要任务，对人的终极福利关怀不足。当事人的权利保障不足，被害人附属化，犯罪嫌疑人、被告人对象化，均背离了主体性的要求。刑事审判简化为了查清事实、使用法律的客观过程，对人的主观福利追求缺乏关怀。

2. 个体理性发挥不充分。控辩双方处于不对等的地位，控诉方处于主导地位，当事人在发现事实、使用法律等方面的参与性不强。

3. 诉讼成本结构不合理。“正是基于打击犯罪有效性的考虑，中国刑事程序设计及运作在整体上就表现出明显的重打击、轻保护思路，追求一种权力型的诉讼经济。比如，整个刑事诉讼架构以侦查阶段为中心，诉讼资源集中投入到侦查活动中，随后的起诉和审判受侦查的制约而并不开展太多的活动。而公检法三机关之间也因此互相配合、高度信任和彼此依赖。”〔1〕此外，程序分流机制不健全。起诉阶段实行起诉法定主义，没有建立暂缓起诉制度。也没有德国刑事诉讼中的处罚令制度。辩诉交易制度没有在法律上得到认可，刑事和解制度不完善，在实践中的使用不够广泛。

4. 对抗合作机理不健全。“强职权”模式下控辩不平衡、审判不中立导致了控辩双方缺乏对抗与合作的平等基础和分工条件。以交叉询问为代表的对抗机制和以辩诉交易为代表的合作机制都无法建立，缺乏生成效率的动态机制。

此外，“强职权”模式还存在着管理体制行政化、权力配置混乱等问题，严重阻碍了审判的公平与效率目标的实现。

二、建立当事人主义为主、职权主义为辅的刑事审判模式

当今世界，政治发展的目标是以人权为核心的民主政治；

---

〔1〕 左卫民：“刑事诉讼的经济分析”，载《法学研究》2005 年第 4 期。

经济发展的形式是以平等与自由为核心的市场经济；社会发展的主流是构建以民生福利为核心的人本社会。无论是民主政治、市场经济还是人本社会，蕴涵的基本理念都是人类主体个性的张扬和政治权力的弱化。刑事司法制度和刑事审判模式是以政治经济社会的发展为基础的，并服从和服务于这个基础。刑事审判模式的改革必须顺应政治经济社会发展的潮流。当事人主义的理念恰恰吻合了民主政治、市场经济和人本社会发展的本质要求。而职权主义则以权力的积极性为特征，一方面法律赋予权力机关较多的职权，另一方面被追诉人处于消极、被动的地位，当事人的主体性得不到充分体现。其运行的结果必然是权力的膨胀，地位的失衡，人权的失落，效率的丧失。因此，建立当事人主义主导的刑事审判模式是当代社会政治经济发展的必然要求。

本书认为，对我国刑事审判模式的改造应该坚持以法经济学意义上的效率观为指引，注重个体理性与集体理性相统一，沿循对抗与合作两条主线展开。具体而言：要赋予控辩审各方应有的诉讼角色、诉讼职能和相应的诉讼地位，优化审前和审判程序，促进控辩双方之间的充分对抗与合作，发挥个体与集体两个理性，提高审判效率。

（一）诉讼主体职能的回归

在职权主义刑事审判模式下，各诉讼主体的职能存在严重“异化”现象。法官积极干预，控审不分，处于“超人格”地位；检察官代表国家追诉，掌握控诉资源，处于“强人格”地位；被告人被作为追诉对象，难与国家平等对抗，被害人作为受害者，诉讼权利难以保障，二者都处于“弱人格”地位。上述人格扭曲动摇了对抗与合作的基础，严重影响了刑事审判价值、功能以及目标的实现。因此，必须要对各诉讼主体的人格进行重塑，使之具备适当的且完整的“人格”。

1. 被告人诉讼主体地位的确立和诉讼权利的保障。目前我国实行“超职权主义”的刑事审判模式，被告在刑事审判中应该享有的诉讼权利常常被忽略或得不到保障。对此种模式，亦有学者[1]从国家权力论的角度给予积极评价：“刑事程序是由国家机关追诉犯罪，探索犯罪事实的真相，或者是洗刷犯罪嫌疑人或被告的罪嫌以还其清白，以行使国家刑罚权的程序，而形成国家与犯罪嫌疑人或被告的两面关系。”“被告虽为诉讼主体，此诉讼主体之地位，并不即是意谓被告系刑事程序中之一造，仍应受国家刑罚权支配。”其核心是捍卫国家权力在刑事审判中的主导地位。然而，刑事审判是法官在检察官与被告方对等的状态下，依据双方提出的证据形成心证而进行审判，因此刑事审判程序并不是单纯地包括追诉机关与被告人之双面关系，而应是法官、检察官和被告人三方权责分明的架构。另外，被告人为刑事审判中的当事人之一，即诉讼主体，应当享有完整的诉讼权利，以强调国家刑罚权贯彻为由而忽视被告人在审判中享有的权利，甚至否定其一方当事人地位，明显不妥。

首先要保障被告人的辩护权。刑事审判中，处于原告地位多是掌握系统法律知识和强大国家追诉力量的检察官，而被告则为自然个体，不论在心理上、法律知识上或诉讼调查能力上都无法与其抗衡，因此有必要聘请法律经验丰富的职业辩护人为其行使辩护权，保障诉讼利益，达到平等对抗的程度，确保

---

〔1〕（台）林山田：《刑事程序法》，五南图书出版股份有限公司 1998 年版，第 110 页；林山田：“论正当法律程序原则”，载《军法专刊》1999 年第 4 期。

被告人获得公平审判的机会。尤其是在公开透明程度不高的审前程序中，被追诉方面对的是强大的国家追诉机关，而其又以主动侦查犯罪为职责，如果被追诉方没有职业辩护人的协助，难以防止追诉机关的恣意侦查，不仅无法保证追诉程序的公正性，还必然会影响到后续刑事审判的公正性。我国刑事诉讼法虽然赋予了被追诉方多项积极辩护权，但就实质运行而言却不容乐观。困难被告人获得律师帮助的权利以及辩护律师的在场权、阅卷权、调查取证权、庭审的询问权等都不能充分保障。在这样实质辩护权保障不充分的条件下，辩护人的辩护职能无法充分发挥，被告的主体地位和诉讼权利更是无从保障。不仅如此，被告人的消极辩护权，即沉默权，也没有确立，反而还被赋予了“如实供述”之义务，极容易使被告人在刑事审判中沦为讯问的对象和举证的责任人，加重被告人负担，侵犯其诉讼权利。

那么被告人应该享有怎样的诉讼权利呢？陈卫东教授曾结合1948年《世界人权宣言》、1966年《国际人权公约》和《公民权利和政治权利国际公约》、1990年《关于律师作用的基本原则》等国际性法律文件对被告人应该享有的最低限度的诉讼权利和程序保障机制作了全面系统地研究，认为被告人享有的诉讼权利应当包括防御性诉讼权利、救济性诉讼权利和推定性诉讼权利。防御性诉讼权利是指被告人对抗追诉方的指控并抵消指控效果而享有的权利，包括知悉权、辩护权、沉默权、免费获得翻译帮助的权利、获得法律平等保护的权利等，重点是辩护权。其指出辩护权包括：①被告知享有辩护权，并选择自行辩护或选任律师协助辩护的权利；②及时获得律师帮助的权利；③联络会见权；④获得有效辩护的权利；⑤因经济困难或其他原因获得国家法律援助的权利。救济性诉讼权利指对于不利的决定或裁判，要求通过一定程序予以审查的诉讼权利。包括上诉权、刑事赔偿权、不受不必要羁押的权利和要求法官审查并予以变更、取消强制措施与保释权。推定性诉讼权利是指从刑事诉讼法中推定出来的诉讼权利，是通过赋予执法机关一定的法律义务而在客观上会使被告人收益的权利形态。主要有无罪推定、获得独立公开公正审判、免受不合理拖延、免受双重危险等权利。[1]

2012 年，我国《刑事诉讼法》再修改时，在严禁刑讯逼供的基础上增加了不得强迫任何人证实自己有罪的规定。还明确规定了非法证据排除的具体标准和人民法院、人民检察院和公安机关排除非法证据的义务，以及法庭审理过程中对非法证据排除的调查程序。[2] 此外，扩大并保障了被告人获得律师辩护的部分权利：明确犯罪嫌疑人在侦查阶段可以委托辩护人。完善律师会见程序，规定辩护律师在审查起诉和审判阶段均可以查阅、摘抄、复制本案的案卷材料。这可以说是我国刑事诉讼制度的一大进步。同时，我们也要看到，我国刑诉法在保障被告人的主体地位和诉讼权利方面仍存在较大的改进空间。律师的知悉权、在场权、调查取证权等诉讼权利还没有得到充分保障。

---

〔1〕 陈卫东、郝银钟：“被告人诉讼权利与程序救济论纲——基于国际标准的分析”，载《中外法学》1999 年第 3 期。

〔2〕 在排除标准方面规定：采用刑讯逼供等非法方法收集的犯罪嫌疑人、被告人供述和采用暴力、威胁等非法方法收集的证人证言、被害人陈述，应当予以排除。违反法律规定收集物证、书证，可能严重影响司法公正的，应当予以补正或者作出合理解释；不能补正或者作出合理解释的，对该证据应当予以排除。

最关键的是，要引入司法审查制度，“加强法院对检侦机关侦查方法的司法审查，逮捕羁押这一事关被追诉方人身自由的强制措施以及搜查等涉及公民财产权利和隐私的强制侦查方法的决定权应由居于中立地位的法官行使。”〔1〕贯彻控辩平等原则，实现检察官与被告方的地位平等、权利对等，“平等武装”，防止检察官凌驾于被告方之上，侵犯被告方的主体地位。加强对被告方的法律援助，扩大法律援助的范围，放宽援助条件。

2. 检察官的当事人化。当事人主义刑事审判模式必然要求控辩双方的当事人化，实现平等对抗。公诉人代表国家追诉犯罪，行使追诉职能，其控诉倾向、诉讼资源优势，尤其是法律监督者的双重角色，容易使其超越于法官和被告方之上，成为法官和被告方的“法官”。这种现象不仅严重动摇了司法公正的根基，而且极大地伤害了司法的效率性。只有平等的对抗双方才可能积极地竞争与合作，才可能“双轮驱动”刑事审判朝着符合控辩双方意志的方向顺利发展。平等是效率的前提并创造了效率。可以说，控辩双方的当事化是当事人主义刑事审判模式的最大优势。正如有学者指出的：“将检察官（公诉人）定位为与辩护方地位平等的一方当事人，确立法院在刑事诉讼中的中心地位是构建科学诉讼模式实现诉讼公正的前提和根本保证，是控辩式庭审方式的内在要求。”〔2〕

（1）公诉权还是法律监督权？在我国，强调检察权为法律

〔1〕陈卫东、刘计划：“谁有权力逮捕你——试论我国逮捕制度的改革”，载《中国律师》2000 年第 9、10 期。

〔2〕陈卫东、刘计划：“控辩式庭审方式中辩护律师的诉讼权利及其制度保障”，载 http://www.civillaw.com.cn/article/default.asp?id=29933，最后访问于 2011 年 2 月 5 日。

监督权、检察职能为法律监督职能的观点颇为盛行。例如："社会主义国家，检察机关不仅拥有西方检察机关的各项职能，而且往往还拥有监督行政执法和审判活动的权力。因而，社会主义国家的检察权具有更为明显的、广泛的法律监督性。"[1] "在社会主义国家，对刑事案件进行侦查起诉和出庭支持公诉，仅是检察人员一个方面的职权，而且从根本上说，他们是实现检察机关法律监督职责的一种手段。"[2] 基于此种认识，实践中，公诉人以法律监督者身份自居，对法庭审判活动进行监督，对辩护方进行讯问，必然造成对现代司法理念和制度的破坏。

公诉是检察机关的基本职能，公诉权是检察权的主要内容。唯有将控诉活动的职权定位为公诉权才能适应现代审判中心主义和当事人主义刑事审判模式的要求。据此，公诉权的权能应该包括公诉准备权（侦查权和侦查指挥权）、提起公诉和出庭支持公诉权（这是检察机关的核心权能）、公诉异议权、司法救济权、刑罚执行权，等等。[3]

（2）公诉人的实质举证责任。公诉人出庭支持公诉是其基本职责。我国现行超职权主义的刑事审判模式，公诉人就被告人的犯罪事实负有举证责任。同时，《刑事诉讼法》第158条又规定了法官的调查取证权，即"法庭审理过程中，合议庭对证据有疑问的，可以宣布休庭，对证据进行调查核实。人民法院调查核实证据，可以进行勘验、检查、扣押、鉴定和查询、冻

---

〔1〕 谢鹏程："论检察权的性质"，载《法学》2000年第2期。

〔2〕 张穹、谭世贵：《检察制度比较研究》，中国检察出版社1990年版。

〔3〕 陈卫东："检察权的基本理论"，载陈卫东：《程序正义之路》（第1卷），法律出版社2005年版，第175～176页。

结”。此条的立法意旨无非在于践行实体真实主义，贯彻实事求是原则，但在客观上却有减轻或者免除公诉人举证责任之嫌。且不论此举对法官中立性和控审分离原则的违背，仅就法经济学意义而言，法官对于公诉人举证责任的分担无疑减轻了控方的举证成本，增加了辩护方的对抗和反驳成本，打破了控辩之间的均衡。而且，公诉人已经过调查程序，对案件情况了如指掌，由其进行进一步调查取证，相对于陌生的法官而言，更有利于节约司法成本。再者，强化公诉人实质举证责任，要求其提出确实完整的证据，还可以促进其慎重起诉，避免滥诉，提高起诉的权威性和准确性，减低诉讼成本。当然，公诉人承担当事人角色，履行实质举证责任，并非否认其应承担的客观义务。

3. 法官角色的重塑。检察官在刑事审判中居于控诉方的地位，有权决定是否应该起诉以及以何种罪名起诉。起诉后亦要积极主动履行控诉职责，直至审判终结。在接受检察官起诉后，法官开始接触案件，并安排对案件进行审理准备。但法官的职责不同于检察官。检察官的职责在于追诉被告人，对犯罪事实进行举证，法官的职责则在于审理案件，并非调查案件，否则将会产生控审不分之嫌。以日本为例，准备程序完成后进行审判时，法官行使诉讼指挥权，在公诉人宣读指控和被告方表示认罪与否后，控辩双方进行举证，对证据的资格和证明力进行辩论，并对证人进行交叉询问。法官在被告人最后陈述后，定期宣判。法官围绕控辩双方的攻击防御和辩论进行判决，并对定罪量刑理由进行明确说明。

从内容上讲，法官角色理性具体包含以下两个方面：

（1）法官的中立性。“一个人不能做自己案件的法官。”中立性要求法官在刑事审判过程中，无论是对于控方，还是对于辩方，都不得有倾向性。从实体上讲，中立性要求法官既不能与案件事实和相关利益具有关联性，也不能对控辩任何一方存有歧视或偏爱。从程序上讲，中立性具有三个要求：一是开庭前不能对案件内容有实质性接触，防止产生预断。二是不能具有追诉倾向和职能。贯彻“谁主张、谁举证”的基本原则，控方承担搜集证据、举证和证明案件事实的责任。法官不能干预，更不能代为行使。三是控辩平等。庭审中，给予控辩双方平等的机会和对等的权利。法官只有做到中立，才能保证控辩双方平等对抗，自愿合作，从而实现刑事审判的效率最大化。

（2）相对被动性。当事人主义刑事审判构造的核心就是检察官对案件事实承担举证责任，积极行使追诉权，并就事实与法律问题与被告方展开充分辩论，法官则居于被动裁判的诉讼地位，结合双方的控辩形成心证，并作出裁判。法官的消极被动正是建立在控辩双方的积极主动基础上的，主要精力应该集中于根据交叉询问情况，判断案件事实，当好裁决者。

当然，这种被动性也不是绝对的。为确保控辩双方对抗与合作的顺利进行，法官应进行合理的程序调控。主要表现在庭审指挥和调查取证方面。庭审指挥方面，法官应当有庭审引导权、程序争议裁决权和庭审秩序维持权。调查取证方面，相对于被告方，检察官掌握着明显强大的调查取证资源，为了彻底贯彻控辩平衡原则，除了在侦查阶段实行令状原则防止追诉方任意侦查以及确保辩护权充分行使外，在审判阶段，如果法官认为不进行证据调查则明显不利于被告方，则可以根据被告方的申请协助被告方调查，以实现控辩双方的实质平等。对于对被告人不利的证据，则应由检察官调查搜集，法官不应依职权进行调查，以维护控辩双方地位平等、法官中立、权责分明的审判模式。同时，对于需要由法官介入调查的对被告人有利的证据，则要充分考虑控辩双方的调查能力以及裁判的公正性、准确性等因素慎重进行，否则难免再现“超职权主义”的阴影。

同时，法官的角色理性不应仅仅体现在审判程序中，还应在审前程序中有所体现。比较重要的一点就是对一些具有重大影响的追诉行为进行司法审查，这也是实现诉讼均衡的需要。在侦控程序中，出于侦察和控诉犯罪行为的需要，必要时需要采取一些可能威胁到被追诉人人身权利的强制措施。如不加以合理控制，将可能造成控辩失衡的局面。因此，对于侦控程序中的拘留、搜查、扣押、逮捕等强制措施，应当设置适当的司法审查程序，由法官对其必要性和合理性进行监督。当然，为适应打击犯罪的需要，对于紧急情况下的强制措施，也可以采取事后补充审查的方式。因此，司法审查制度，既是法官客观中立原则在审前程序中的具体贯彻，也是对侦控程序进行当事人主义改造的必然要求。

4. 被害人的主体地位及其诉讼权利保障。毋庸置疑，被害人是刑事诉讼的重要主体，对刑事审判活动起着重要作用。然而，从刑事诉讼的发展史来看，被害人的地位和作用却经历了不断弱化后又逐步加强的“V”形发展过程。早期的弹劾式诉讼中，诉讼由被害人发起，“无原告既无法官”。这种模式下，被害人处于非常重要的地位，起着非常关键的作用。他们可以根据维护自身权益的需要，自行选择是否追诉犯罪以及追诉的范围。随着社会发展以及人们对犯罪认识的深化，国家主导的纠问式模式登上历史舞台。国家因为社会秩序被犯罪行为侵犯而代替了被害人追诉犯罪，被害人逐步丧失了主体资格，诉讼权利更是无从保障。进入资产阶级民主社会后，人们的民主和权利意识不断兴起，控辩审职能相互分离的现代审判模式得到迅速发展。犯罪虽然仍由国家进行追诉，但被害人的主体地位和诉讼权利逐步得到了认可。

（1）我国被害人保护现状。1985 年《为罪行和滥用权力行为受害者取得公理的基本原则宣言》以联合国文件形式规定了保护被害人的四项基本原则：一是保护取得公平待遇的权利，被害人对诉讼的知悉权、参与权、主张权、申诉权和受保护权。二是保护被害人获得赔偿权。三是获得国家补偿权。四是解决获得国家和社会援助问题。在一些发达国家也相继建立了完善的被害人权利保障制度。如，美国 1982 年制定《被害人及证人保护法》，规定了被害人的一系列权利：量刑中被害人陈述权；对被害人进行保护的措施；从犯罪者处获得赔偿，确保刑事被害者公平处遇原则；等等。另外，还建立了比较完善的国家补偿制度。英国法律也赋予了被害人较广泛的诉讼权利，主要有：①知悉权。在审判前，被害人有权了解诉讼的基本情况，侦查机关有义务进行告知。②影响起诉决定的权利。被害人有权对起诉发表意见，并对控诉产生较大影响。③陈述权。通过皇家检控署告知案件的决定者，犯罪给其造成的各种物质和精神损失。④免受再次被害的权利。⑤参与决定服刑人员是否被有条件释放的权利。⑥获得补偿的权利。英国于 1995 年通过了《刑事损害补偿法》，就被害人获得补偿的范围、限制以及有关程序都作了明确规定。

我国 1979 年《刑事诉讼法》将被害人定位为其他诉讼参与人，这显然忽略了被害人的主体性地位。1996 年《刑事诉讼法》修改时，根据被害人与案件事实和其他诉讼主体的密切关系，大大提升了被害人的地位，将其列为刑事诉讼当事人，并赋予了被害人一系列诉讼权利。主要有：①《刑事诉讼法》第 84 条第 2 款和第 86 条规定的报案、控告及对不立案的监督权。②《刑事诉讼法》第 28、31 条规定的申请回避权。③《刑事诉讼法》第 87、145、88 条规定的直接起诉权。④《刑事诉讼法》第 32、40 条规定的委托诉讼代理人权利。⑤获知有关诉讼信息和资料的权利。⑥提起附带民事诉讼的权利。⑦ 参与诉讼过程发表自己意见的权利。[1]其中，直接起诉权、委托代理人权利、提起附带民事诉讼权利、参与庭审权利等都突出体现了被害人的当事人地位。2012 年《刑事诉讼法》再修改时进一步完善了附带民事诉讼程序：①增加规定：被害人死亡或者丧失行为能力的，被害人的法定代理人、近亲属有权提起附带民事诉讼。②增加规定：附带民事诉讼的原告人或者人民检察院可以申请人民法院采取保全措施。③增加规定：人民法院审理附带民事诉讼案件，可以进行调解，或者根据物质损失情况作出判决、裁定。

诚然，修改后的《刑事诉讼法》在被害人权利保护方面有了很大进步。但从实践运行情况看，特别是与犯罪嫌疑人和被告人的权利保护相比，还存在明显的缺陷和不足。诉讼权利方面：①没有明确规定被害人诉讼代理人的权利义务。比如，被

---

[1] 在立案阶段，被害人对不立案的决定有提出复议的权利；在侦查阶段，被害人具有陈述案件事实的权利，在对鉴定结论不服时，具有要求重新鉴定的权利；在起诉阶段，被害人具有发表意见的权利，如果案件被不起诉，被害人具有申诉权；在审判阶段，被害人具有出席法庭，就案件事实进行陈述、经审判长许可对证人、鉴定人进行发问、对物证进行辩认、对有关证据发表看法、申请通知新的证人到庭、调取新的证据、申请重新勘验、鉴定以及同被告人及其辩护人进行辩论的权利。另外还有不服一审判决的申请抗诉权和对生效裁判的申诉权，等等。参见杨旺年："论刑事被害人的诉讼地位、诉讼权利及其保障"，载《法律科学》2002 年第 6 期。

害人的代理律师是否与被告人的辩护律师享有同样的阅卷权、收集调查证据权等权利规定不明，实践中难以操作。②缺乏有关被害人获得法律援助的规定。对于符合一定条件的被告人，法律规定了援助措施。然而，对于相似情况的被害人却没有提供获得法律帮助的机会。③对被害人知情权保障不足。如《刑事诉讼法》第 182 条规定，人民法院决定开庭审判后，应当将人民检察院的起诉书副本至迟在开庭 10 日以前送达被告人，而对于应否将起诉书副本同时送达被害人未作规定。④请求权保障不充分，缺乏救济措施作保障。例如当被害人不服检察机关不起诉决定时，根据《刑事诉讼法》第 176 条的规定，被害人可以通过向上一级人民检察院提出申诉或者向人民法院自行起诉进行救济。鉴于现行检察机关的领导体制和内部备案审查制度，申诉很难获得支持。同时，由于被害人自行起诉将承担较大的举证责任，也很难实现。再如，在执行阶段，对于罪犯获得监外执行、假释、减刑的，被害人往往无法知情、参与和表达意见。⑤没有独立的上诉权。对于不服的刑事判决只能通过申请检察机关抗诉表达，如果不能获得支持则只能进入审判监督程序，没有与被告人同等的上诉权。实体权利方面：①获得经济赔偿权规定不充分，没有规定精神损害赔偿。②没有建立国家补偿和救助制度。对于因被害而陷于穷困境地而又无法从被告人处获得赔偿的被害人没有相应的补偿机制，更没有相关机构予以救助。

（2）加强被害人保护的建议。“被害人权利保障的核心应是加强并保证他的程序参与权。”[1] 未来的改革中，应从侦查、

---

〔1〕 陈光中、江伟主编：《诉讼法论丛》（第 2 卷），法律出版社 1998 年版，第 28 页。

审查起诉、庭审、执行等各个阶段入手，加强和完善被害人的权利保护，强化被害人的诉讼主体地位。本书重点阐明以下两点。

第一，完善被害人的诉讼权利和实体权利。赋予被害人庭审中的最后陈述权。被告人在法庭辩论终结后享有最后陈述的权利，而法律却没有赋予被害人此项权利。这必然造成双方在诉讼中的不平等和控辩失衡。同时，应当增设被害人获得法律援助权。被害人与被告人都是案件当事人，且处于对抗地位，立法上应采取对等的办法，对符合一定条件的被害人提供法律援助。明确和保障被害人诉讼代理人享有的各项知悉权和参与诉讼权，切实维护被害人的各项权益。赋予被害人对判决的独立上诉权。虽然该项建议一直存在较大争议，但鉴于被害人与案件的密切关系以及维护自身合法权益的需要，有必要增设此项权利。与检察机关不起诉时被害人可以起诉相适应，被害人上诉权应有程序限制，即应先行请求检察机关抗诉，只有在检察机关不接受抗诉请求时，被害人才可以上诉。借鉴发达国家经验，增加对被害人的精神损害赔偿。德国《刑事诉讼法》第3条第2款规定："一切就追诉对象的犯罪事实所造成的损失而提起的诉讼，包括物质的、身体的和精神的损害均应受理。"

第二，建立刑事被害人救助制度。该制度可由国家补偿和社会救助两部分组成。国家补偿不同于国家赔偿。国家赔偿中国家为侵权责任主体，而被害人国家补偿中，国家并非是责任的直接承担者。被害人国家补偿制度则是指对于受到特定犯罪侵害的被害人或者其法定范围内的亲属，由国家给予适当经济补偿的一种法律制度。[1] 目前，美国、日本、韩国、英国等发

〔1〕 孙长永：《日本刑事诉讼法导论》，重庆大学出版社1993年版，第350页。

达国家以及我国台湾地区均已建立较为完善的被害人国家补偿制度。补偿的条件多是针对严重暴力犯罪造成的重大人身和财产损失，在无法获得被告人有效赔偿的情况下，由国家对被害人予以一定程度的补偿。补偿一般采用赔偿为主补偿为辅和限额补偿的原则。社会救助则是针对刑事案件中被害人遭受的损失除了物质损害外，还有精神上、心灵上创伤。因此，在物质赔偿、补偿外，还应对其进行精神救助，以弥补被害人所受的痛苦。这需要国家组织相应的社会组织，成立专门机构，提供心理咨询、卫生医疗、人身安全保障等服务。建立刑事被害人救助制度具有重要意义。首先，可以维护被害人的主体地位和诉讼权利，减少被害人转化为犯罪人，实现社会正义。其次，可以减少被害人的顾虑，积极报案，提高对犯罪行为的打击力度，维护社会稳定。最后，从社会经济角度考虑，还可以促进刑罚轻缓化。被害人获得救助后，怒气会有所降低，可以相应减轻犯罪者的刑罚长度和严厉性，节省司法资源和成本，符合轻刑化的国际刑罚发展趋势。

（二）审前程序的优化

审前程序包括侦查程序、起诉程序、庭前准备程序等。审前程序的优化主要有两个目标：一是提高侦控效率；二是为庭审的充分对抗与合作创造条件。所以，这里主要涉及侦查模式、起诉模式、证据开示等内容。

1. 侦检一体化。当事人主义刑事审判模式下，侦查机关和公诉机关作为控诉方是一方当事人，共同承担追诉职能。具体而言，就是围绕公诉而进行查获罪犯、查清事实和适用法律的活动。可以说，审判前的所有活动都是为公诉做准备，诉讼职能具有统一性和不可分离性，都属于控诉职能。因此，公诉应该成为刑事审判前程序的龙头。这一点从我国台湾地区的理论研究和立法规定中也能得到证实。有学者认为："侦查乃于犯罪发生或者有犯罪发生之嫌疑时，为提起公诉、维持追诉而寻找或保全犯罪，并搜集、保全证据之行为。"〔1〕也有学者认为侦查是"对于刑事案件提起或实行公诉之准备而为之侦查机关发现犯罪人、搜集证据等各种活动。"〔2〕而我国台湾地区"刑事诉讼法"第228条则规定："检察官因告诉、告发、自首或其他情势知有犯罪嫌疑者，应即开始侦查。"这完全可以说明我国台湾地区的侦查是以公诉为核心的。

我国有学者通过对世界各国刑事诉讼制度中侦查权与检察权在刑事诉讼中相互关系以及检察官角色定位的研究，清楚地概括了当今世界侦检关系的几种模式。〔3〕第一种是检察主导型。该种类型强调侦查和控诉的效率，保持追诉职能高度集中统一，赋予检察机关侦查指挥权和监督权，整个侦查和控诉程序在检察官的主导下进行，侦查机关则处于从属地位。德国是这种模式的典型代表。德国《刑事诉讼法》第161条规定："检察官可以向一切公共机关收集情报，除了宣誓下的讯问外，可以进行各种侦查，或者交付警察机关及其他人员侦查。警察机关及其他人员必须执行检察官的委托或命令。"〔4〕第二种是指导参与型，美国是典型代表。美国检察官的主要职责是提起诉讼，同

---

〔1〕黄东熊、吴景芳：《刑事诉讼法论》（上），三民书局2006年版，第285页。

〔2〕蔡墩铭：《刑事诉讼法论》，台湾五南图书出版股份有限公司2002年版，第329页。

〔3〕陈卫东、郝银钟："侦、检一体化模式研究——兼论我国刑事司法体制改革的必要性"，载《法学研究》1999年第1期。

〔4〕《德国刑事诉讼法典》，李昌珂译，中国政法大学出版社1995年版，第78页。

时，根据工作需要也有权参与侦查。在大多数情况下，检察官不直接进行侦查，而是对侦查人员进行指导和监督。第三种是协助型。日本是典型代表。检察官和警察形成了相互协助、相互制约的关系。根据日本法律规定，第一次侦查一般由警察负责，检察官在必要时刻进行自行侦查、协助警察侦查或者对侦查行为作出一般性的指导、指示。上述三种模式虽然在形式上有所不同，但本质上都反映了侦检一体化的发展规律和公诉权的主导地位。正如有学者指出的："从诉讼的阶段性来看，作为一个有机的整体，侦查机关与检察机关都没有各自独立存在的价值基础。"[1]

侦检一体化首先反映的是追求效率的司法价值导向。主要表现在：其一，强化了目的与手段具有一致性、手段服务于目的的效率哲学。在审判前程序中，控诉是目的，侦查是手段。侦查权应该服从服务于公诉权。唯此才能体现诉讼规律要求，才能促进诉讼效率的实现。其二，提高了控诉的专业化水平。检察官多是经历过专门法律训练并具有丰富法律实践经验的专家，由其主导和指导侦查，在明确侦查方向、确定侦查重点、选择侦查措施等方面均具有专业化优势。其三，侦检一体化大大减少了诉讼环节，避免了侦检机关之间的摩擦和推诿，整合优化了诉讼资源，加快了诉讼进程。

依据我国法律规定，人民法院、人民检察院和公安机关进行刑事诉讼，应当分工负责、互相配合、互相制约。这种模式不仅违背了诉讼规律，更重要的是极大地伤害了司法效率，造

---

〔1〕 陈卫东、郝银钟："侦、检一体化模式研究——兼论我国刑事司法体制改革的必要性"，载《法学研究》1999 年第 1 期。

成司法资源的浪费。“由于先行刑事诉讼法对公安机关和检察机关的职能管辖分工不科学、机构设置重叠不合理、缺乏竞争机制、程序不顺，相互协作不利、拖延扯皮严重，导致整个刑事司法体制在不良运作中浪费掉大量司法资源，并从整体上导致诉讼效率低下。”[1] 以退回补充侦查制度为例。我国法律设立这一制度的目的在于形成有效监督制约，更好地查清犯罪事实。但从实践情况看效果并不理想，很多案件退回时是哪些材料，再移送来依旧是哪些材料，其结果只是推脱和扯皮。

在当事人主义刑事审判模式下，为增强对抗性，节约司法资源，提高诉讼效率，必须强化控诉职能，确保在侦查期间做好收集和固定证据，以使检察机关能够在法庭上举出合法、确实、充分的指控证据。因此，理顺公诉机关与侦查机关的关系，建立侦检一体化模式十分必要。“这一模式不是要求检察与警察实行组织上的一体化，而是基于侦查与公诉共同的追诉职能，确立刑事审判前程序中侦查职能服务于公诉职能的原则，建立以公诉机关为核心和主导的机制。”[2] 具体而言，检察官要对侦查活动进行参与、指导、指挥和监督，以确保在侦查方向、收集证据、固定保全证据等方面的合法性和有效性。以我国台湾地区经验为例。我国台湾地区确立了检察官主导侦查的模式，主要表现在以下几个方面。“刑事诉讼法”第229条规定了司法警察有协助检察官侦查犯罪的义务。“法院组织法”第76条也

---

〔1〕 孙言文等：“1997年物证技术学侦查学研究的回顾与展望”，载《法学家》1998年第1期。

〔2〕 陈卫东：“刑事审判前程序的基本理论”，载陈卫东：《程序正义之路》（第1卷），法律出版社2005年版。

赋予了检察官调度司法警察的职权。“警察人事法”规则规定，刑事警察受检察官之命执行职务时，如果怠于履职，其主管长官应接受检察官的提请依法予以惩处。

2. 检察一体化和检察相对独立。除了侦检一体化外，检察官一方当事人化另一层含义和内在要求是检察一体化。一般而言，检察一体化是指检察系统内上下级检察院之间的领导关系，检察院内检察长与检察官之间的领导关系，以及检察机构作为统一的整体执行检察职能。[1] 检察一体化一方面适应了检察职权性质和诉讼规律的要求，另一方面，也是提高诉讼经济效率的必然要求。检察系统内和检察机关内上下联动的机制有利于优化检察职权配置，整合资源，节约成本，最大限度地发挥控诉职能。

当今世界，许多法治发达国家均已建立了检察一体化的工作机制。西班牙宪法规定：“检察部门通过其自己的机构，根据行动统一、下级服从上级，在任何情况下均须服从法制和公正的原则，行使其职权。”日本是最早实行检察一体化的国家，在日本的检察组织中，上级对下级享有指挥监督权、事务调取权、转移权、代理权。前苏联宪法也规定：“各级检察机关独立行使职权，不受任何地方检察机关的干涉，只服从苏联总检察长。”为充分发挥当事人主义刑事审判模式的优势，应当逐步强化检察一体化工作机制，使得上级检察机关对下级检察机关、上级检察官对下级检察官拥有指挥监督权、事务调取权、事务转交权、委任分管权、任免惩戒权等职权。

同时，要处理好检察一体化与检察独立之间的关系。检察

---

〔1〕 谢鹏程：“论检察官独立与检察一体”，载《法学杂志》2003年第6期。

独立是现代司法的一般原则。国际检察官联合会《关于检察官的职业责任标准和基本义务与权利》对检察官的独立性作了明确规定："在承认检察官自由裁量权的国家里，检察自由裁量权应当独立地行使，不受政治干涉。如果检察机关以外的机关享有对检察官下达一般的或具体的指令权，那么，这种指令应当是透明的，与法律机构一致的，并需符合既定的保障检察独立现实与理念的准则。检察机关以外的任何机关指令启动诉讼程序或终止合法启动的诉讼程序的权利均应当按照类似的方式行使。""在很大程度上，我们是根据自己所处的位置不同而采取不同的行为方式的。事实上，行为者在特定的位置上所采取的行动有一个可以被接受的限度。"〔1〕对检察官来说，这里的"特定的位置"就应该是其独立的地位。必须指出，检察一体化并不是对检察独立原则的否定，相反，二者是相互促进、相互支撑的关系。检察一体化强调的是检察系统的整体性和一致性，检察独立则是强调检察系统作为一个整体相对于外部力量以及检察官在办理具体案件时的独立性。即使在一体化下，上级对下级的领导仍受到一定的限制。如，德国的联邦或各邦司法部长已不对个案行使指令权，法国司法部长的个案指令必须以书面形式下达，且必须附于卷宗。因此，处理好二者关系既有利于实现检察官独立办案，保证高效公正地行使检察权，又有利于实现检察职能统一有效运行的检察一体化。

3. 公诉方式采用起诉状一本主义。在超职权主义模式下，侦检等追诉机关拥有强大的强制侦查措施，加之起诉采用不伦

〔1〕［美］K. 杜加克斯、L. S. 赖茨曼：《八十年代社会心理学》，矫佩民等译，三联书店1988年版，第9页。

不类的“复印件主义”,[1] 使得审判阶段的法官可以较早地接触侦查结论。在这种追诉机关拥有强制权力、控审不分的审判模式下，被追诉方的权利很难得到保障。随着我国民主法治社会建设的推进，人民的权利需求不断增强，国家对人民权利的保障也更加重视。如此形势下，对当前刑事审判构造进行当事人主义的改造，在公诉方式上推行起诉状一本主义，才是当务之急。

起诉状一本主义是指检察官在起诉时只将具有法定事项和格式的起诉书提交有管辖权的法院的诉讼原则，是构建控辩审分离的当事人主义诉讼架构的基本要求。日本是实行这一制度的典型国家。日本《刑事诉讼法》第256条规定：“起诉状中必须记载下列事项：①被告人的姓名，足以特别确定该被告人的事项；②公诉事实；③罪名。”“起诉状不得添附可能使审判官就案件产生预断的文书及其他证据材料，或引用它们的内容。”这成为防止法官预断、提高诉讼效率的重要手段。在庭审中，法官的主要职责并非调查事实和证据，而是判断事实、适用法律和居中裁判。检察官则作为追诉一方当事人，持证据资料到庭指控，担负起举证和调查事实的责任，辩护方对其进行辩驳。采取起诉状一本主义，才能真正确保审判效果。在侦查阶段，会促使侦检机关做到精细化侦查，严格按照证据规则全力搜集各种证据，防止举证不足和违法取证遭到排除，做到慎重起诉。庭审中，控诉方必然积极行使追诉职能，提出确实证据证明相关犯罪事实。对辩护方而言，则可以较为充分地行使辩护权。

---

[1] 根据我国法律规定，检察机关向人民法院移送的证据材料主要包括三个方面：一是证据目录；二是证人名单；三是主要证据的复印件和照片。

例如，日本相关刑事诉讼法律规定，“在请求调查证据文书或证据物时，应当预先给对方阅览该项证据的机会。”“有应给予阅览机会的证据文书和证据物时，在公诉提起后应尽快地提供阅览机会。”这些对于辩护方知悉权的保障，极大地增强了辩护权行使的有效性。在事实认定上，法官在可以超然地站在中立第三者的角色上，根据双方控诉辩驳进行自由心证，查清事实，速审速决。

与起诉状一本主义相配套，必须建立相应的诉因制度。日本刑事诉讼法现定：“公诉事实必须明确记载诉因。”诉因，即原告陈述之诉讼原因，通常是指犯罪构成要件中构成法律的具体事实。诉因既是对公诉机关起诉范围和法院审判范围的限制，又是对辩护方防御对象的明确。在诉因制度下，更容易明确审判焦点，有利于集中迅速审判。

4. 完善证据开示程序。为促进控辩审三方实现角色回归，确保控辩双方对刑事诉讼程序的主导权，最大限度发挥当事人主义刑事审判模式的效率优势，还需要建立完善的证据开示制度。在我国，已有与证据开示相关的规定，如《刑事诉讼法》第121条规定，侦查机关应当将作证据使用的鉴定结论告知犯罪嫌疑人；第36条规定，辩护律师自案件审查起诉之日起可以查阅、摘抄、复制案件的诉讼文书、技术性鉴定材料。第37条和《关于刑事诉讼法实施中若干问题的规定》第13条规定，辩护律师必要时可以申请检察院、法院调查取证，也可以到法院查阅、摘抄、复制相关证据。在实践中也有一些实务部门，如山东寿光法院、北京海淀法院，进行了有益的尝试。目前学界要求在我国建立证据开示制度的呼声极高，而且，立法机关也作出相应的积极回应，特别是修订后的律师法赋予了辩护律师在审查起诉、审判阶段完全的阅卷权，这表明在我国刑事诉讼中证据开示制度已是呼之欲出。下文将对构建我国证据开示制度的关键要素予以探讨。

（1）证据开示的范围。作为当事人主义刑事审判模式中的一个重要制度，不可否认证据开示制度在实现控辩双方平等武装和对抗，保证程序公正，实现刑事诉讼的公正和效率两大价值目标等方面，具有积极地作用。而证据开示，究其本质目的，仍然在于追求审判程序的效率目标。为规范程序，有必要确定开示的证据范围。主要涉及以下三个方面。

第一，与待证案件事实有关联的证据需要开示。检察官用以证明待证事实的证据，应在进入审前准备程序时，向法院提出并送交被告人或辩护人。检察官、被告人或辩护人请求询问证人、鉴定人、翻译人，应预先提供上述人员的姓名、居所。如要求查阅上述证人、鉴定人、翻译的笔录，也应准许。

第二，重要的类型证据需要开示。以下几类证据，对于特定事实证明力的判断十分重要，需要开示，且应有所限制。①证据种类包括，证物勘验笔录、现场勘验笔录、鉴定书、预定传唤的证人笔录、被告供述笔录，以及被告人之供述。②该类证据可能是重要的定案证据。③开示之必要性与利益权衡：考虑该证据开示与否，对于被告防御准备的必要性。④须有被告人或辩护人请求开示，且应以上述第2项为申请事由。⑤对于证物、检方之勘验笔录、现场勘验笔录、鉴定书及被告人的供述笔录等证据，考虑到上述各类证据材料对于被告人一方的“防御准备”具有重要作用，除特殊情况外（如，有充分理由说明如果开示，确实可能危及国家安全），应予以开示。

第三，案件争点关联证据需要开示。所谓案件争点，是指当事人对之意见相反、影响案件处理结果的事实问题和法律适用问题。争点有三个特征：①当事人对其存在与否、应当适用与否持不同意见。②属于事实问题或者法律适用问题。而诉讼程序上的一些适用问题在审理中不能成为争点。③对案件的处理结果有法律上的意义。由上述争点的概念可以看出，与之相关的证据需要开示。具体方式是：①由被告方在证据开示程序中向检方提出；②申请以争点关联性为由；③检方须考虑其关联程度及其他因被告方防御准备而有开示的必要性；④如果不违背公序良俗及不侵害国家利益，检方应对上述证据予以开示。

（2）开示时间。证据开示范围这一概念中，还有开示时间范围必须明确。“实际上，证据开示机制是一个连续进行的过程，包括在侦查阶段，对于关键性的侦查行为的进行及其产生的证据，辩方就应当有权知悉。”〔1〕在明确这一点的前提下，可以规定一个开示证据的时间节点，以保证开始证据的全面性和集中性。根据最高人民法院《关于适用〈中华人民共和国刑事诉讼法〉的解释》的规定，人民法院对于按照普通程序审理的公诉案件，应当在 7 日内决定是否受理，那么，在法院决定是否受案之前进行证据开示，没有实际意义。所以，证据开示应在庭审前的 10 日前进行。

这一做法的理由有二：一是要给控辩双方留出必要的时间去熟悉对方的证据，为庭审中的辩护和答辩做出充分的准备，二是在证据开示后，控辩双方很可能要针对对方的证据情况，

---

〔1〕 陈卫东：“寿光证据开示试点模式的理论阐释”，载《山东审判》2005 年第 1 期。

补充自身的证据体系。[1] 至于证据开示的次数限制、在庭审中新发现的证据或者在首次开庭后新取得的证据的开示，视证据性质及重要性，可由主审法官决定是否采取休庭方式，在再次开庭前决定开示的方式。

(3) 法官的调控权。为规避证据开示程序中可能会产生的资源耗费很大、诉讼僵持、影响证人安全、隐匿重要证据等的问题，有必要赋予法官对证据开示过程的指挥和审查监督权，主要是对关于某些证据是否应该开示和何时开示的争议进行裁决以及对违反开示义务的行为予以制裁。如美国《联邦地区法院刑事诉讼规则》规定，"当事人对于特定证据是否属于开示的范围发生争议时，一方可以申请法院命令对方开示证据，对方也可以向法院陈述理由，由法院裁决；法院认为必要时还可以单独对争议证据进行审查，并作出是否应当开示的决定。对于违反开示规则或者开示命令的当事人，可以根据不同情况采取相应的制裁方法，如命令开示、排除未经开示的证据及其关联的证据、指示陪审团作出不利用违反义务一方的推断、宣布审判无效、以藐视法庭罪对拒不开示证据的一方给予处罚等"[2]。

(4) 开示证据的使用限制。开示证据的目的，不仅仅在于让被告人及辩护人可以有效地准备诉讼，还涉及法益保护的问题。证据开示制度所要保护的法益主要涉及三个层面的问题：一是为了防止罪证被隐匿湮灭的可能；二是为了预防对诉讼关

---

〔1〕 徐军："构建中国刑事证据开示制度的法理思考"（下），载《中国检察官》2008年第2期。

〔2〕 Yale Kamisar, Wayne LaFave & Jerold Israel, *Modern Criminal Procedure*, 8th ed., West Publishing Co., 1994, pp. 1270～1274. 转引自孙长永："当事人主义刑事诉讼与证据开示"，载《法律科学》2000年第4期。

系人的个人秘密、名誉的侵害；三是为避免不当影响侦查及审判程序的进行。所以，凡是出于上述目的之外，对开示证据予以使用的，应予一概禁止。

换句话说，当开示的证据被使用于与被告人所涉该案件的侦查、审理准备无关的事项时，其余尚未浮现的证据极有可能会因此而被隐匿、湮灭、伪造、变造，相关共犯、证人也可能因此而勾结串连，这对刑事诉讼所追求的发现真实价值是一大伤害；另外，有些证据是该证据提供者的商业或个人隐私数据，如果被用在上述目的之外，极易造成个人秘密泄漏、名誉受损或受威迫、贿赂等，将造成司法公正受疑，而且会无谓增加检察官追诉犯罪的困难程度，刑事司法的社会作用更难确保，甚至社会安全也受到威胁。

基于这一考虑，有必要对开示证据目的之外的使用行为加以禁止，并对该行为进行处罚。也就是说，只要行为人违反该义务，不问有无造成危害结果，应基于比例原则，逐级施加处罚。

需要指出，证据开示制度并不是孤立存在的，需要证人保护制度、程序制裁制度等一些相关制度作保障。这些制度需要在未来的当事人主义刑事审判模式改革中予以完善。

（三）审判程序的优化

当事人主义刑事审判中最具代表性的程序是交叉询问程序和量刑辩论程序，它们是庭审中对抗的集中体现。当然，其中也伴有一定的合作因素。

1. 完善交叉询问程序。

（1）交叉询问制度在我国的现状。虽然我国刑事诉讼法没有直接使用交叉询问一词，但也基本上确立了交叉询问的制度。

如我国《刑事诉讼法》第 59 条对证人出庭作证作了原则规定："证人证言必须在法庭上经过公诉人、被害人和被告人、辩护人双方质证并且查实以后，才能作为定案的根据。"这是交叉询问的前提。第 189 条又对交叉询问作了主体性和程序性规定："证人作证，审判人员应当告知他要如实地提供证言和有意作伪证或者隐匿罪证要负的法律责任。公诉人、当事人和辩护人、诉讼代理人经审判长许可，可以对证人、鉴定人发问。审判长认为发问的内容与案件无关的时候，应当制止。审判人员可以询问证人、鉴定人。"最高人民法院《关于适用〈中华人民共和国刑事诉讼法〉的解释》更进一步对询问的顺序作了规定：向证人、鉴定人发问，应当先由要求通知的一方进行；发问完毕后，经审判长准许，对方也可以发问。还确立了询问广义上的证人的规则"询问证人应当遵循以下规则：①发问的内容应当与本案的事实相关；②不得以诱导方式发问；③不得威胁证人；④不得损害证人的人格尊严。前款规定也适用于对被告人、被害人、附带民事诉讼当事人和鉴定人的讯问、发问"。

纵观上述规定可以看出，我国的交叉询问制度并不完善，职权主义色彩也比较严重，主要体现在以下几个方面：

第一，证人出庭限制严格。我国《刑事诉讼法》第 187 条实际上认可证人的不出庭行为："公诉人、当事人或者辩护人、诉讼代理人对证人证言有异议，且该证人证言对案件定罪量刑有重大影响，人民法院认为证人有必要出庭作证的，证人应当出庭作证。"该条对证人必须出庭作证的限定比较严格，既要求"有异议"，又要求"有重大影响"，还要求"有必要"。这会导致实践中证人的出庭率较低，交叉询问无法贯彻，也背离了直接言辞原则。[1]

第二，法官过分主导询问。我国刑事审判制度承袭职权主义，而且有过之而无不及。法官在庭审过程中享有绝对主导权。依据法律规定，证人的传唤以及询问都需要经过法官同意。交叉询问不能自主进行，侵犯了当事人的程序参与权，也违背了当事人主义的精神和交叉询问制度的根本意旨。

第三，交叉询问过程混乱。没有区分主询问和反询问而一概排除诱导性发问，违反了主询问与反询问的功能设置，不利于实现发现事实真相的目标。当事人可以提出询问异议的理由规定得不够科学严谨，"内容与本案无关"之类的异议理由缺乏操作性，造成法官异议裁量权滥用。没有询问范围限制。我国法律没有要求询问证人的一方在询问证人之前要首先告知其询问范围，造成询问不集中、证明对象不明确等一系列问题的出现。

第四，规则制度不完备。交叉询问规则缺乏，例如，主询问禁止一致性陈述规则、不得质疑己方证人规则、反对复杂性提问规则、意见规则等询问规则都没有得到确立，必然造成交叉询问的无序和无效。同时，我国刑事诉讼没有建立或完善证据开示制度、证人出庭作证制度、起诉书一本主义、辩诉交易制度、法律援助制度等配套制度，难以保证交叉询问的时效性。

---

〔1〕 直接原则，亦即直接审理原则，德国学者认为包含两方面的含义：一是指"在场原则"，即开庭审理时，当事人及其他诉讼参与人必须亲自到庭出席审判，而且精神和体力上均有参与审判活动的能力；二是"直接采证原则"，即从事法庭审判的法官必须亲自直接从事法庭调查和采纳证据，直接接触和审查证据；证据只有经过法官以直接采证方式才能作为定案的根据。陈瑞华：《刑事审判原理论》，北京大学出版社 1997 年版，第 183 页。

（2）交叉询问规则。理解交叉询问程序，要对其性质有所把握："交叉询问是由一方对另一方的询问，在诉讼中具有对立的性质。交叉询问是盘诘性的询问，具有攻击或反驳的性质。交叉询问的对象是广义的证人，包括被告人、被害人、证人、鉴定人、勘验人、检查人以及实施搜查、扣押等侦查措施的警察等。交叉询问应该在法庭上进行，在法官的主持下进行。"[1]根据诉讼规律，交叉询问一般由主询问、反询问、再主询问、再反询问等阶段组成，这些阶段既有共性，即适合于各个阶段的一般性规则，又有各自的不同特点，即适合于某个阶段的特殊规则。

一般性规则包括：

第一，询问范围限制规则。"先有争点，才能考虑证据的关联性；厘清争点，有助于认定证据关联性有无，故审定证据关联性之前，事实或可信性争点，须先厘清。"[2] 为实现询问有的放矢，避免询问过程分散混乱，要对询问范围有所限制，使询问集中于双方的争议点上。而且，反询问的范围也应有所限制。就事实问题而言，应以主询问所询事项范围为限。但就证人或证言可信性而言，凡足以影响可信性的事项，均可在反询问时进行。具体说，反询问的范围，实际上有两个方面；其一，在事实方面，应以主询问的询问范围为限，未经主询问程序询问的事项，不得对其行反询问；其二，凡是足以攻击证人本身可信性或证言可信性的事项，均可进行反询问。

---

〔1〕宋世杰：《刑事审判制度研究》，中国法制出版社 2005 年版，第 435 页、

〔2〕陈健民："美国刑事诉讼中交叉询问的规则与技巧"，载《法学》2004 年第 4 期。

第二，相关性规则。关联性证据指具有足以肯定待证重要事实存在倾向的证据。这一规则要求交叉询问的提问和证人的回答都要与案件事实密切相关，而且要围绕控辩双方争议的焦点问题进行。同时，有关的证据也要符合证据法则，如属于排除范围，也不能采用。

第三，意见证据排除规则。意见证据在此是指交叉询问中证人就案件的事实发表个人评价性观点或者进行推测形成的认识。当然，也有所限制，主要是两方面：专家证人意见由于具有较大科学合理性，可作保留；一般证人的一些常识性意见，即对于合理建立在证人感觉之上的以及对清楚理解该证人的证词或确定争议中的事实有益的意见证据仍然可以采纳。〔1〕

第四，准确性规则。该规则要求提问要使用结构简单、逻辑清晰、表意明确的语言，禁止复合提问和语言混乱。禁止复合提问就是指为了便于证人更好地理解记忆和回答，要求采用一问式，一句话中不能同时含有两个或多个问题。语言混乱则容易导致证人理解不准，产生错误回答。

第五，异议规则。异议规则是指对于一方当事人违反交叉询问规则的不当询问，另一方当事人向法庭提出反对，并由审判人员裁定异议是否成立。如果成立，则询问被排除；如果不成立，则询问继续。不当询问有不当提问和不当回答之分。不当提问涉及欠缺关联性提问、违反意见法则的提问、诱导性提

〔1〕 陈卫东、王静："我国刑事庭审中交叉询问规则之重构"，载《人民检察》2007年第22期。

问等二十余类；不当回答也有不相关回答、意见性回答等十余类。[1] 根据对象不同，询问异议区分为形式上异议和实质上异议。对于询问问话或回答方式的“形式”上异议，通过改变问话或回答方式即可治愈；对于询问问话或回答内容的“实质”上异议，则须法官进行裁决。

特殊性规则包括：

第一，禁止主询问诱导性发问。诱导性询问是指询问者的问题中直接含有询问者想要的答案，并暗示被询问者按照他想要的答案进行回答，或者将答案事先告知证人，然后让证人重复出来。[2] 在主询问中，《美国联邦证据规则》对此予以禁止：在直接询问证人时不应使用诱导性提问，除非必要。理由是证人证言应该反映其个人真实意思，且应该与其所经历的客观事实一致。

第二，禁止先前一致陈述。为提高庭审效率，如果证人在现在审判中将要提供的证言，与先前在审判外曾经作过的陈述一致，那么不得在主询问程序中再次提出此种与先前一致的陈述作为证据。

第三，反询问诱导性询问规则。反询问的目的在揭露证言的不真实性，驳倒对方。所以，反询问程序不同于主询问，可以允许诱导询问。理由主要是：反询问的证人没有迎合询问人作答的倾向；以诱导方式询问最能成功质疑主询问的事实主张；

---

〔1〕 王国忠：“刑事诉讼交叉询问之研究”，中国政法大学2006年博士学位论文，第149页。

〔2〕 *Black's Law Dictionary*, Fifth Edition, West Publishing Co., 1979, p. 800.

诱导询问方式具有刺激记忆、唤醒回忆的功能。[1] 但是，在反询问中，有时要对诱导询问予以限制。例如在“异常的诱导询问或对“友性证人”询问时。

第四，再主询问的阐释规则。再主询问主要是解释反询问中所涉及的疑点。为能充分说明证言的可信性，应允许范围适当扩充，阐述相关附带事项。此外，反询问人若就询问事项仅提出部分文书或纪录，应给与再主询问人以澄清和解释的机会，允许再主询问人就文书或纪录的其他部分进行再主询问。[2]

（3）我国交叉询问制度的完善。本书认为，我国的交叉询问制度改革可借鉴美国等法制发达国家的经验，同时尊重我国的国情，采用一种以当事人主义为主、职权主义为辅助的思路比较妥当。

第一，完善交叉询问规则。当事人进行主义庭审模式下的交叉询问制度在刑事审判中发挥了重要的发现真实的作用。我国在未来的刑事庭审改革中应该吸收英美交叉询问制度的精华，并结合我国刑事程序予以调整。比如禁止诱导性询问规则、传闻证据规则、意见证据规则、证人出庭规则、异议规则等等。可将被询问人区分为己方证人和他方证人，强化控辩双方的主询问和反询问的主体地位。允许反询问过程中进行诱导性询问。完善证人鉴定人出庭制度。明确证人必须出庭的义务，对可以不出庭的具体情形法定化。在赋予证人义务的同时，建立完善的证人权益保护机制。区分不当提问和不当回答，实行异议和

---

〔1〕 陈健民：“美国刑事诉讼中交叉询问的规则与技巧”，载《法学》2004 年第 4 期。

〔2〕 陈佑治：“交互诘问之理论与实务”，载《月旦法学》2001 年第 73 期。

实质异议，完善询问异议程序。

第二，适当融入职权主义色彩。若交叉询问规则适用于我国，应适当融入职权主义色彩。如可以规定，双方同时申请传唤的证人、鉴定人，其主询问次序由双方协商决定，如不能决定时，由法官决定次序。而就法院依职权传唤证人、鉴定人的情况，可由审判长讯问后，当事人、代理人或辩护人可询问，询问次序由审判长确定。而在询问规则上，还可如前文所述明确规定各询问阶段的范围，达到自主询问、反询问、复主询问以至复反询问以下，均次逐渐限缩范围目的。

第三，建立完善的配套规则。建立与交叉询问相配套的制度体系，例如，证据开示制度、辩诉交易制度、沉默权制度、刑事辩护制度，等等。通过完善证据开示制度，维护辩方的知情权，为庭审作准备。改革公诉模式，赋予检察官较大的自由裁量权，引入辩诉交易制度。扩大简易程序使用范围，实现繁简分流，保证集中精力审理重大案件和充分交叉询问。以强化辩护律师的诉讼权利为重点完善辩护制度，增加或完善律师刑事辩护豁免权、讯问在场权、实质的自由会见权，确保律师能够与控方平等对抗。

2. 建立专门的量刑程序。关于定罪程序与量刑程序的关系，刑事审判中存在两种模式：英美法系的程序分离模式和大陆法系的程序一体模式。在分离模式中，刑事审判中设有专门的量刑程序，[1] 即审判程序被区分为定罪和量刑两个程序。而在一

〔1〕 量刑程序是指对于确认被告有罪的案件，法官会单独组织量刑程序，委托专门机构和人员进行量刑前调查，听取检察官、被告方以及被害方的量刑意见，综合分析相关情况后作出量刑判决。

体化模式中，定罪和量刑要在同一个审判程序中一次性完成。在刑事审判过程中，判决结果能否合法合理，量刑程序起着重要作用。我国现行立法并未规定单独的量刑程序，量刑程序混同于定罪程序中同时进行。这造成控辩平等参与的当事人主义庭审模式无法彻底贯彻，控辩双方无法对量刑幅度发表意见，法官裁量权难以受到监督。从刑事司法实践来看，由于法官自由裁量权的存在，特别是被告方参与量刑和发表意见的权利得不到充分保障，致使量刑畸轻畸重现象非常普遍，造成当事人的不满和社会司法福利水平的下降。例如，法院对于越来越多的刑事案件都适用缓刑，尤其是对那些国家公职人员涉嫌渎职犯罪的案件，法院适用缓刑的比例更是高达85%以上。[1] 为避免这种情况，以上海市某区法院为代表的我国部分地区在刑事审判中探索了量刑程序改革。[2]

（1）量刑程序独立的必要性。程序一体化模式存在两个重大缺陷：一是容易削弱无罪推定的效力，造成被告人诉讼地位的降低；二是造成法官在量刑上拥有太大的自由裁量权，难以获得较为充分的事实信息，更无法在量刑裁决过程中听取控辩双方的意见。[3] 在刑事审判程序中，建立独立的量刑程序，无论

---

〔1〕 陈瑞华：“定罪与量刑的程序分离——中国刑事审判制度改革的另一种思路”，载《法学》2008年第6期。

〔2〕 该院在2002年8月建立了量刑答辩制。该制度中，公诉机关享有量刑建议权，辩护方享有量刑请求权，法官享有最终的量刑决定权；在庭审辩论阶段增设一个新的量刑答辩程序，控辩双方可以就两性问题进行充分答辩，法官据此裁判并阐明量刑理由。其他地区类似的改革措施还有探索量刑建议制度、缓刑听证制度、少年案件量刑社会调查制度，等等。

〔3〕 陈瑞华：“定罪与量刑的程序分离——中国刑事审判制度改革的另一种思路”，载《法学》2008年第6期。

是从刑事诉讼原理，还是从法经济学角度讲，都具有重要意义。

第一，可以保障诉讼主体的参与权。在以往的刑事审判中，对量刑程序的相对独立性往往认识不够，造成双方当事人，特别是辩护方的参与不足，当事人的积极性没有得到发挥，利益保护不到位。因此，有关量刑的事实发现和法律适用缺乏必要的动力机制、纠偏机制以及合意机制，难以作出正确的或者是令人满意的量刑结果。量刑程序独立后，法官要全面听取控辩双方的量刑意见、被害人的量刑陈述，进行量刑调查，这使得参与量刑的诉讼主体范围扩大，量刑的公开透明度明显提高，量刑的公正性和客观性得到加强。

第二，这是约束法官自由裁量，实现刑事司法目的的有效手段。量刑是控辩审三方博弈的过程，合理的量刑结果应是三方力量平衡的均衡解。虽然控辩双方的意见和理由不能代替法官的决定，但是，控辩力量的介入，使量刑具有了博弈和协商的性质，使判决由法官的单方决定演变成了三方的合意性决策，更有利于实现良性的集体理性和均衡。

第三，有利于节约诉讼资源，提高诉讼效率。有学者认为，定罪与量刑程序合一可以使审判一次完成，有利于提高效率，而量刑程序独立造成定罪后还要单独解决量刑问题，无疑带来资源浪费。此观点貌似合理，却经不起推敲。我们知道，效率由成本和收益共同决定，成本虽低，但不能带来大的收益，不会产生效率。相反，成本虽然高些，但带来的收益更大，同样可以产生效率。量刑辩论程序独立，可以保障控辩双方以及社会参与量刑的权利和机会，促进量刑对抗与合作，共同寻求具有较强可接受性的判决，增加司法的福利。而且，量刑程序独立并不必然增加诉讼成本。一方面，该程序仅适用于被告人不认罪的案件，这类案件在司法实践中所占比例基本上维持在10%左右甚至更低的比率。同时，该程序并不意味必然要另行择日开庭，如果控辩双方量刑准备充分可以在定罪后继续开庭。[1] 另一方面，独立的量刑程序可以在一定程度上消除量刑分歧，减少因为量刑原因引起的上诉、抗诉行为发生，节约二审程序的诉讼资源运用。据统计，我国一些试点地区刑事案件的上诉率、抗诉率以及二审改判、发回重审率大大降低。姜堰市、淄川区、浦东新区等地的试点法院出现了零上诉、零抗诉和零信访，[2] 表明办案质量和诉讼效率都有了明显的提高。

（2）量刑程序改革的建议。2009 年 3 月，最高人民法院公布的“三五改革纲要”明确提出“将量刑纳入法庭审理程序”。在未来的刑事审判改革中，应当建立相对独立的量刑程序。即在法庭审判中，针对被告人不认罪案件，先确定被告人的定罪问题，经过法庭调查和法庭辩论，以及被告人陈述之后，合议庭休庭对被告人定罪问题进行评议，对被告人是否定罪给出一个结论；随后继续开庭，由审判长宣布合议庭的决定。如果认定被告人有罪，合议庭则举行量刑听证，并最终给出量刑结论。[3] 另外，还有学者[4] 更为具体地进行了说明，即将刑事

---

〔1〕 陈卫东：“论隔离式量刑程序改革——基于芜湖模式的分析”，载《法学家》2010 年第 2 期。

〔2〕 张军、熊选国：“严格程序　规范量刑　确保公正——最高人民法院刑三庭负责人答记者问”，载张军、熊选国主编：《刑事法律文件解读》（总第 48 辑），人民法院出版社 2009 年版。

〔3〕 陈卫东：“量刑程序改革的一个瓶颈问题”，载《法制资讯》2009 年第 5 期。

〔4〕 对于前两种情况，在法庭辩论阶段，可就量刑进行辩论。对后一种情况，可先就定罪进行辩论，再就量刑进行辩论。胡云腾、李玉萍：“量刑纳入法庭审理程序的若干问题”，载《法律适用》2009 年第 8 期。

案件的审理程序按照适用简易程序审理的案件、适用普通程序审理的被告人认罪案件和适用普通程序审理的案件分别对量刑纳入法庭审理的方式和方法作了区分，很值得参考。

此外，在具体量刑程序设计上，应该从以下方面予以考虑：

第一，量刑建议制度。检察官作为追诉方可对被告人的量刑问题提出建议。“量刑建议权作为检察官公诉权的必然延伸，本质是一种求刑权。”[1] 作为一项程序性权力，量刑建议权具有可选择性和非决定性的特点。检察官可对建议的方式、内容等根据制度安排作出选择；检察官的建议仅能够影响法官，但不能代替法官。量刑建议权不仅仅是检察机关的一项权力，同时也是一项职责与法定义务，代表国家指控犯罪，包括正确、公正地建议法院对被告人适用刑罚是检察官应当履行的职责。[2] 因此，检察官的量刑建议既要体现追诉性，也要体现客观中立性；不仅要依法提出，还要充分考虑到被告人的具体情况。建议的内容可以是某个刑种，也可以是确定的刑期，还可以是特定的量刑幅度。量刑建议仅供法官参考，判刑最终由法官确定。

第二，量刑答辩制度。为实现平等对抗，针对量刑建议，必须赋予辩方量刑答辩权，向法官提出己方的观点和意见，对量刑施加影响。量刑程序中，可先由控方提出量刑建议，而后由辩方进行答辩，再由控辩双方围绕量刑问题进行举证、质证，并展开充分辩论。

---

〔1〕 陈卫东：“论隔离式量刑程序改革——基于芜湖模式的分析”，载《法学家》2010年第2期。

〔2〕 陈卫东：“论隔离式量刑程序改革——基于芜湖模式的分析”，载《法学家》2010年第2期。

第三，被害人陈述制度。被害人作为犯罪行为的侵害对象，跟量刑结果有密切关系。为保证被害人的量刑参与权，有必要建立被害人量刑影响陈述制度，即在量刑程序中，可设立一个环节，由被害人对其遭受的犯罪伤害情况以及犯罪行为给其本人及家庭造成的影响程度向法官进行陈述，并提出相应的证据，以此来影响法官量刑。法官对被害人权利行使负有告知义务。这样可以保障被害人充分参与量刑，了解刑罚的形成过程，增强对量刑的满意度。

第四，量刑调查报告制度。由专门的机构和人员对被告人的详细信息进行调查摸底，形成报告，供法官量刑参考。就性质而言，量刑调查报告是一种特殊的证人证言。调查的范围主要有罪犯以前的犯罪记录、犯罪原因、成长背景、知识水平、个人品行、健康状况、犯罪前后的表现以及再犯新罪的风险等。调查主体可以是学校、单位、社区居委会、工青妇组织等。在使用程序上，调查报告应当经过控辩双方的审查和发表意见。

第五，量刑说理制度。量刑说理是审判公开的重要组成部分。法官在量刑判决中要结合各诉讼参与人意见，对量刑证据进行分析、论证，对于证据和各方意见采纳与否都要进行说明，阐明判决的依据和合理性。这既有利于约束法官的自由裁量权，也可以使控辩双方了解量刑判决形成过程，增强判决的可接受性。

（四）辩诉交易制度的确立

辩诉交易制度是当事人主义刑事审判模式合作精神的集中体现，也是最具代表性的制度。需要专门重点讨论。

《美国联邦刑事诉讼规则》对辩诉交易所作的描述是：“刑事案件在法官开庭审理前，控方检察官为了换取被告人作有罪答辩，以做出比原来罪行更轻或较少罪名的指控，或者允诺向法官提出有利于被告人的量刑建议为条件，与被告人（一律通过律师）经过协商、讨价还价之后达成一致协议并提交法庭审决的程序。"[1] 对于辩诉交易制度，理论上还存在诸多反对观点，主要有：辩诉交易可能使无罪的被告人为避免严厉的惩罚而答辩有罪从而导致贻害无辜；[2] 检察官、律师、被告人以及法官等人考虑更多的是个人利益，他们无视国家、社会以及被害人的利益；允许有罪的被告人逃脱对其罪行的完全惩罚，违背惩罚与改造犯罪的目的；破坏了当事人主义对抗制；侵犯了法官的判决权；还会纵容警察非法逮捕和搜查侵犯公民权利；等等。[3] 这些理由归纳起来就是认为辩诉交易违反无罪推定原则、违反法官保留原则、违反真实发现主义、不符合公平正义原则、违反罪刑相当原则等一系列原则。尽管存在这些反对理由，但因其不可辩驳的效率性，得到了越来越多国家的认可。当今世界，犯罪率的不断上升与司法资源的有限性之间的矛盾，已成为各国刑事司法普遍面临的难题。如何在兼顾被告人权益保障、发现案件真实的目标前提下，设计一套迅速简化的刑事程序，使得不同案件适用不同的程序进行处理，减轻司法资源负担，是各国刑事审判模式改革的重要任务。德国设有处刑命令程序，日本设有略式程序及简式公判程序，美国则有辩诉交易程序，其目的都在于，在不侵害被告人权利的情况下，真正

---

〔1〕 李良富："辩诉交易的理性透视"，载《当代法学》2002 年第 4 期。

〔2〕 [美] 爱伦·豪切斯泰勒·斯黛丽、南希·费兰克：《美国刑事法院诉讼程序》，陈卫东、徐美君译，中国人民大学出版社 2001 年版，第 432 页。

〔3〕 王以真主编：《外国刑事诉讼法学》，北京大学出版社 1990 年版，第 261 页。转引自陈卫东："从建立被告人有罪答辩制度到引入辩诉交易——论美国辩诉交易制度的借鉴意义"，载《政法论坛》2002 年第 6 期。

发挥迅速审判功能，达到真正减轻司法负担，提高社会运行效率的目的。这些均可作为我国刑事审判模式改革的借鉴。

1. 辩诉交易程序的制度安排。通观美国等域外法关于辩诉交易程序的相关规定，可以归纳出该制度主要涉及协商的范围和内容、被告人的权利保障等要点。下面予以逐项分析。

（1）交易主体。辩诉交易一般应在控辩双方之间进行。但是在有被害人的犯罪案件中，交易不应只限于控辩双方之间，还必须包含被害人，交易协议应是三方协议。而且，为保护被告人和被害人的合法权益，应由辩护律师或代理律师进行交易协商。如果任何一方不同意，交易协议都不成立。

（2）交易范围。为避免伤害社会公众情感期待以及增加不公平现象的怀疑，首先应将“重罪”〔1〕排除于交易之外，把交易范围限定在较轻犯罪之内。有学者指出，“可规定适用辩诉交易的案件范围同于简易程序适用的案件范围，即可能判处 3 年以下有期徒刑、拘役、管制、单处罚金的刑事案件”〔2〕。该观点颇具参考价值。

（3）交易内容。美国辩诉交易的内容主要罪名交易、罪数交易和刑罚交易三种形式。其中，理论上存在较大争议的是罪

---

〔1〕重罪、轻罪的划分，“这是根据犯罪行为的危害程度进行的划分。这种分类源于英国。早在 14 世纪，英国普通法就将犯罪分为重罪和轻罪两类，而重罪重点叛逆罪又往往单独成为一类。最初，重罪与轻罪的区别旨在表明严重犯罪与轻微犯罪的差别……然而，随着时间的推移，重罪和轻罪的差别逐渐变得模糊。这一区分在实践上的重要性在于某些情况下，行为的结果取决于触犯的是重罪还是轻罪”。参见张旭：《英美刑法论要》，清华大学出版社 2006 年版，第 7 页。

〔2〕陈卫东：“从建立被告人有罪答辩制度到引入辩诉交易——论美国辩诉交易制度的借鉴意义”，载《政法论坛》2002 年第 6 期。

名可否交易。在美国，检察官可以允诺以比涉嫌罪名更轻的其他罪名起诉来换取被告人认罪。有人则认为，罪名交易违背真实原则，不宜允许。本书认为，既然允许辩诉交易，就等于认可了真实的相对性。事实上，罪数交易和刑罚交易也是绝对真实观的放弃。因此，不能排除罪名交易。

(4) 交易事项。关于协商的具体事项，应根据公序良俗、司法严肃性等原则，作出列举式限制。比如：检察官降格指控的内容，被告人可自愿接受的科刑范围，被告人向被害人支付的赔偿问题，被告人支付罚金的数量，等等。但是，明显违反公序良俗或者亵渎司法严肃性的事项不得作为讨价还价的手段。

(5) 交易原则。为确保交易的正义性，必须要以“真实发现”和“被告人权利保障”作为辩诉交易的基本指导原则。“真实发现”既是法官的义务，也是检察官和当事人的义务。同时，它也是个相对的概念，即便在正常审判程序的证明标准中，也不意味着法院必定能够发现该案“完全的”、“客观的”真实，而在辩诉交易程序中，由检察官与被告人达成一致而初步确定的事实，在没有积极的反证推翻情况下，应该也是一种真实。“被告人权利保障”的核心是确保被告人交易的自愿性，唯有自愿交易才是正当的。

(6) 交易效力。应用辩诉交易程序而作出的判决应限制被告人上诉权，原则上不得上诉。因为，在此种情形下，法院所作出的协商判决内容，均已经当事人事先同意。如允许任意反悔，必然危害司法诚信和权威。同时，基于维护公平正义、裁判适当、当事人合法权益等目的，应允许特定情形下的上诉，如被告人交易的意思表示并非出于自愿；被告人所涉之罪并非可协商的；协商结果显有不当或显失公平、法院认定事实与协商结果事实严重不符等情形。对于这类上诉案件，二审法院应审查原审判决认定事实及适用法律有无错误，而其调查范围应以上诉理由为限，只进行法律审。

（7）被害人参与程序。因为辩诉交易程序直接关系到被害人的各种诉讼权利，尽管该程序仅是以一定的刑罚利益换取被告人认罪，这一过程仍然会对被害人造成较大影响。因此，有必要采取措施，避免检察官在协商程序进行中为追求达成协议而忽略甚至以被害人权益为交换条件的情况。为此，应当赋予被害人参与协商过程并有陈述意见的权利，检察官在与被告人进行协商时应当听取被害人对于协商结果的意见，例如对于被告人科刑处罚的意见；法院在审查及决定是否认可协商协议时，也应当给予被害人陈述意见的机会，并将被害人意见作为判决参考，以确保被害人的合法权益在整个辩诉交易程序中，都能得到切实保障。

（8）被告人撤回协议。在美国辩诉交易程序中，法院在接受被告人有罪答辩后，被告人原则上虽受到辩诉交易协议的拘束，但如有合理理由，仍可撤回认罪声明。本书认为，由于协商程序协议的存在，使得被告人必须在实际上放弃诸多宪法及刑事诉讼法权利，且协商程序对上诉又采取严格限制措施，因此，如果被告人基于正当合理理由申请撤回交易协议，应予准许。所以，可以设定例外情况，被告人如果具有正当理由，并有证据证明协商过程或所达成的协议不公平，为避免被告人在信息不对称情况下的不利选择，可以允许被告撤回协议。

（9）违约后果。按照常理，法院在作出协商判决之前，如果被告人反悔或拒绝履行协商约定，检察官可以向法院申请撤回判决申请。同时，如果法院发现控辩之间的协议显有不当或显失公平，自然也不应予以认可。但是，当法院已经作出判决，检察官就不得再撤回协商协议。当协商事项为法定协商事项，且法院也依据协议作出了判决时，即使被告人反悔，不履行先前约定的条件，也可以采取强制执行措施。相反，当检察官与被告人就“法定协商事项”以外的事项达成协议时，如果被告人拒绝履行协议确定的义务，检察官对此则无制衡手段，显然不利于维护法律秩序。因此，本书认为，如果被告人不遵守与检察官所达成的协议时，应赋予检方请求法院决定“恢复原状”的权利，即检察官可请求法院撤销原判并对被告人重新审判。

2. 辩诉交易制度相关保障。除前述论及的相关问题，还有部分事项超出该程序本身所能涵盖内容，分别简论如下。

（1）规范检察官辩诉交易行为。在辩诉交易程序中，主体主要是检察官与被告人。为了避免检察官受主观因素影响过大，可以参考美国联邦检察署所制定的联邦检察官准则（Principles of Federal Prosecution），制定一套关于检察官辩诉交易时的行为规则，供检察官在决定是否进行协商以及如何进行协商时参考。例如，可以规定哪几种类型案件适合辩诉交易，检察官应如何综合考虑被告人前科、犯罪动机、犯罪情状以及认罪悔过态度因素等内容，以此来约束检察官的辩诉交易行为。而且，还可规定，检察官向法院提出启动协商程序申请时，应说明理由，阐述该案件适合辩诉交易，以及控辩双方达成的量刑协议的原因，以利于法院审查协商内容的合理性。另外，这一规则更重要的目的在于，进一步规范检察官与被告人进行协商时的让步范围，避免不同检察官之间协商标准不同，使协商程序能更趋一致并尽量克服不公平现象的发生。

（2）保障被害人权益。被害人权益是辩诉交易中最容易被忽视的。至于被害人权益保护，本书认为，审、检两方在行使裁量权时，必须听取并慎重考虑被害人的意见。特别是控诉方，要转变观念，视被害人利益为己方利益的一部分。当被告人与被害人达成和解协议时，法院可仅依量刑部分作出相应的判决。在这样的条件下进行刑事审判，首先不仅有利于诉讼程序快速终结，也可以使被害人早日获得赔偿。其次，法院在对案件审理时，若发现检察官与被告人的协商过程或协商协议有不当或不公平之处，有权而且必须驳回检察官关于辩诉交易的申请，改依正常程序继续审理。因此，实行辩诉交易程序并不当然导致刑罚轻重失衡或违反公平正义的情形。

（3）限制使用被告人不利陈述。本书认为，应禁止将被告人在辩诉交易时作出的不利陈述作为本案及其他案件证据。一方面是因为该陈述不一定真实可靠。在辩诉交易时，被告方为获得充分的交易空间，促进协议达成，可能会违背事实或自身意志作出“适当让步”，所以，该陈述的真实性和自愿性都存在瑕疵。所以，此情形下的陈述应仅在辩诉交易过程中才具有特定的效力。如果该辩诉交易协议未被法院认可，致使该案件进入正常审判程序，那么被告人或其代理人、辩护人在协商过程中所作出的陈述，在本案或其他案件中，均不得采信为定案证据。另一方面，辩诉交易是一个自愿的讨价还价过程，如果认可交易时的陈述事后可作为对被告人不利的证据，那么，被告人在交易协商时恐瞻前顾后，谨慎提出交易条件，势必缩小交易空间，影响辩诉交易的达成，违背辩诉交易制度的宗旨。

那么，法院以协商判决形式结束本案时，被告人或其代理人、辩护人在协商过程中所作的陈述，是否可以采信并作为其他被告人或共犯定案的不利证据？本书认为，同样不可。而且，在对其他被告人或者共犯审判时，法院应当尽力清除上述陈述对他人或他案判断的影响，更加注重对其他被告人或共犯进行对质、交叉询问，以确保上述被告人的证据权利得到有效维护。

（4）设立严格的司法审查机制。鉴于辩诉交易制度的特殊性，司法审查应当重点针对事实和被告人自愿性进行审查。通过审查要确定以下几个方面情况：被告人出于自愿而非被强迫；被告人理解指控内容；被告人明知交易可能产生的处罚结果；被告人理解放弃权利的后果；交易具有事实依据。只有具备上述条件，交易协议才可能被认可。

（5）完善其他的配套措施。这些配套措施主要有：①完善被告人和被害人的权利保障，特别是要强化被告人的沉默权和辩护权；②建立完善的证据开示制度，保障辩护律师的知情权和参与权；③赋予检察官量刑建议权。

总之，辩诉交易制度也许有其缺点存在，但如果有相关程序规范和配套措施作保障，被告人和被害人权益能够得到充分维护，辩诉交易制度一定能够发挥越来越大的作用。

（五）刑事和解制度的完善

受程序主体性理论和恢复性司法理念的影响，近年来刑事和解制度得到了迅速发展。实践中，各国普遍面临着刑事案件数量迅速增长的形势，为降低司法成本，都在寻求着简化诉讼程序的替代性纠纷解决方式。而且，被害人往往也存在着通过获得赔偿而改变被害状态的迫切需求。以我国为例，人身伤害案件的被害人多数在经济上都处于弱势地位。据沿海地区某基层法院统计，该院2005～2007年连续三年审理的人身伤害刑事案件中，95%以上的被害人为经济负担能力较差的一般务工人员。这些都可以作为我国完善刑事和解制度的理论和实践依据。

为顺应实践需求，更有效地化解矛盾纠纷，我国在2012年修改《刑事诉讼法》时适当扩大了和解程序的适用范围，将部分公诉案件纳入和解程序。修改前的《刑事诉讼法》仅规定了自诉案件的和解。修改前的《刑事诉讼法》第172条规定：人民法院对于自诉案件可以进行调解；自诉人在宣告判决前，可以与被告人自行和解或者撤回起诉。最高人民法院《关于适用〈中华人民共和国刑事诉讼法〉的解释》规定：人民法院审理自诉案件，可以在查明事实、分清是非的基础上，根据自愿合法的原则进行调解。修改后的刑诉法在保留自诉案件和解的基础上，明确规定了公诉案件适用和解程序的范围：因民间纠纷引起，涉嫌侵犯人身权利民主权利、侵犯财产犯罪，可能判处3年有期徒刑以下刑罚的故意犯罪案件，以及除渎职犯罪以外的可能判处7年有期徒刑以下刑罚的过失犯罪案件。同时规定了对于当事人之间达成和解协议的案件，可以依法对被告人从宽处罚。而在司法实践中，各地已对刑事和解制度的改革与完善进行了诸多探索。[1] 当前，理论界对我国全面引入刑事和解制度大方向上不存在异议，只是在具体制度设计上有不同观点。下面，结合我国刑事司法制度以及实践情况，对完善刑事和解制度进行探讨。

---

〔1〕 2006年，山东省临沂市人民检察院试行《临沂市检察院审查起诉环节轻伤害案件委托人民调解委员会调解实施办法》，对轻伤害案件实行调解；2005年，安徽省公安厅会同省法院和省检察院共同出台有关《办理故意伤害案（轻伤）若干问题的意见》；2004年7月，浙江省高级人民法院、浙江省人民检察院和浙江省公安厅联合发布了《关于当前办理轻伤案件适用法律若干问题的意见》，等等。参见陈瑞华："刑事诉讼的私力合作模式——刑事和解在中国的兴起"，载《中国法学》2006年第5期。

1. 模式选择。西方各国的刑事和解制度多是通过由警察、检察官、法官、社区自愿人员、教会成员等主体主持的非诉讼程序进行的，大致可分为社区调停模式、转处模式、替代模式与司法模式四种。[1] 如新西兰，家庭群体会议是刑事和解的主要形式，即将刑事案件交给由少年犯罪嫌疑人及其家庭成员、被害人及其代理人、一名被害人的支持者、一名警方代表和调停员（少年司法的协助人员或者社会福利部门的雇员）组成的家庭群体会议进行协商和调解。多数情况下，还会有一名社区工作者或律师参加。而在美国，主要的和解形式是社区纠纷调解中心主持的和解计划，由中立的机构和专门的调解人员进行调解。大陆法系国家则多采用替代模式。如德国刑法典规定，如果犯罪人与被害人达成和解，被害人的补偿要求全部或部分得到实现，或者犯罪人努力对其犯罪行为进行补偿，则可依法对其减轻或免除刑罚。

几种和解模式各有利弊，效果关键取决于不同国家的法律传统和法治发展状况。就我国而言，本书认为，由于受强职权主义模式以及法治发展水平较低的影响，宜采用替代性模式为宜。首先，我国的社区自治和司法中介的理念和制度并不发达，自治组织以及中介机构还不能作为独立的完善的司法力量介入刑事司法领域，相关从业人员素质参差不齐，社会和司法机关对其认同度不高，管理也不规范，难以适应刑事司法的要求。

---

〔1〕 社区调停模式指在犯罪发生后，犯罪人逮捕以前由社区进行调解的模式；转处模式指在罪犯被逮捕后起诉前由中介机构进行调解的模式；替代模式是指在量刑和执行中被用于替代监禁刑的和解模式；在司法模式下，刑事和解是一种附属性的教育惩戒措施。参见刘凌梅：“西方国家刑事和解理论与实践介评”，载《现代法学》2001 年第 1 期。

其次，我国的刑事司法权主要集中于公检法机关，奉行比较严格的法定主义，即使是宽严相济刑事政策的贯彻和简易程序的推行，也是司法机关主导的。司法机关被视为法律的代表，司法裁决具有最权威的效力。因此，由司法机关对当事人双方通过意思自治形成的和解协议进行审查和确认，或者直接由司法机关主导或者主持刑事和解，应是当下我国司法改革的最优选择。最后，刑事和解并非纯粹的讨价还价的市场行为，当事人双方基于利益最大化考量，对谈判事项的合意很可能超越法律的界限，需要司法机关进行调控和监督。

2. 制度设计。

（1）范围。关于刑事和解范围可扩大到重罪案件的问题，有学者指出，适宜和解的刑事案件范围应当包括轻伤害案件、交通肇事案件、青少年犯罪案件、其他轻微刑事案件以及过失犯罪等主观恶性不大的特殊刑事案件等类。〔1〕不过，也有学者认为，刑事和解的适用应当有更为宽广的思路，在适用的案件种类上，既可以适用于不少轻罪案件，也可以有条件地适用于一些严重犯罪乃至可能判处死刑的案件。〔2〕各国实践中的做法也不尽相同。在美国，除了众多突破了轻罪案件的刑事和解计划外，在死刑案件中还出现了“基于辩护的被害人接触”计划，辩方专门与被害人家人接触，了解他们的诉求，并积极促成被害人家人与被告人达成和解。〔3〕而在新西兰、德国等国，刑事

〔1〕宋英辉等：“我国刑事和解实证分析”，载《中国法学》2008年第5期。

〔2〕陈光中：“刑事和解再探”，载《中国刑事法杂志》2010年第2期。

〔3〕Kristen F. Grunewald and Priya Nath，“Defense-Based Victim Outreach：Restorative Justice in Capital Cases”，*Capital Defense Journal*，Spring，2003. 转引自葛琳：“刑事和解研究”，中国政法大学2007年博士学位论文，第173页。

和解则被限定于轻罪范围。我国目前的改革实践中，刑事和解案件主要是轻伤害案件和交通肇事案件，[1] 一般不涉及重罪案件。

我国并没有关于轻罪与重罪的划分。本书认为，探讨刑事和解的范围可以将犯罪后果的考量作为重要因素，但不能仅限于此，应当结合本国的法律文化、刑事和解的目的、加害人的年龄和主观恶性、被害人的实际情况、社会影响等多种因素进行综合考虑，不宜直接排除重罪的适用。刑事和解的目的就是恢复被犯罪行为破坏的社会关系，保护当事人尤其是被害人合法权益，提高诉讼效率，因此，在确保自愿合法的前提下，对于一些严重刑事犯罪适用刑事和解也是适宜的。当然，对于某些加害人主观恶性较大，情节恶劣，后果严重，社会影响较大的严重犯罪案件则应严禁进行和解。在立法技术上，可以采取一般性规定和禁止性规定相结合的做法规范和解范围。例如，某省公安机关实施的《关于办理轻伤害案件的暂行规定》就对禁止和解的案件作了规定：①累犯、黑恶势力伤害他人的；②寻衅滋事、聚众斗殴引起的；③情节严重、影响恶劣，引起民愤的；④其他不宜调解的。

（2）客体。和解客体就是当事人和解处分的对象，包括事实、定罪、刑罚、民事责任等内容。实践中，刑事和解最常涉及的对象是刑罚与民事责任问题，即在犯罪事实清楚的基础上，加害人通过支付一定的赔偿金，换取被害人的谅解，从而达到

〔1〕 我国学者曾对华东地区四市的刑事和解案件作过调研，发现这两类案件占所有刑事和解案件的67%。参见宋英辉等：“我国刑事和解实证分析”，载《中国法学》2008年第5期。

减轻刑事处罚的目的，也就是所谓的“以罚代刑”。可见，刑罚与民事责任的处分性争议不大的。对于事实问题，本书认为，其应当成为刑事和解的对象。理由是：事实是由控辩双方当事人主导发现并确认的，具有较强的选择性和处分性。在当事人主义模式下更是如此。有学者甚至指出，过去有个误区是和解也要查清案件事实。实际上，和解就是要和稀泥，刑事和解的出发点就是要在双方当事人达成和解的基础上对案件事实进行模糊认定。通过对案件事实进行和解，从而在刑罚方面对加害人作出相对轻缓的处理。[1] 定罪问题较为复杂，包括罪与非罪和此罪与彼罪两个方面。多数学者认为，定罪问题不能成为和解的对象。“刑事和解既然是对犯罪行为作出的一种变通处理，在是否‘有罪’的前提问题上必须准确无误。”[2] “和解的客体不能是指控的罪名，不能因为加害人和被害人之间达成和解，将故意杀人罪和故意伤害致人死亡罪予以混淆。”[3] 本书认为，对定罪的和解问题应该区别对待。借鉴辩诉交易的理论与实践，如果在事实存在争议的情况下对事实问题进行和解，同时，应当允许对罪与非罪、此罪与彼罪问题进行和解，因为事实是定罪的基础，允许和解事实就应当允许和解定罪；如果事实清楚，则罪与非罪、此罪与彼罪的确立纯属法院职权范畴，则不应进行和解。

（3）程序。在当下我国的刑事司法体制下，可将刑事和解

---

〔1〕 陈卫东、汪建成、宋英辉：“专家访谈：刑事和解的理论探讨”，载《中国检察官》2009 年第 1 期。

〔2〕 陈光中、葛琳：“刑事和解初探”，载《中国法学》2006 年第 5 期。

〔3〕 陈卫东、汪建成、宋英辉：“专家访谈：刑事和解的理论探讨”，载《中国检察官》2009 年第 1 期。

进行嵌入式改造，即分别在侦查、起诉、审判和执行阶段分别引入和解程序。侦查阶段，赋予公安机关完善的不予立案权、撤案权和起诉建议权。对于达成刑事和解协议的案件，可视情况作出不予立案、撤销案件和起诉建议的决定。起诉阶段，可完善现行酌定不起诉制度，建立量刑建议制度，对于符合和解条件并达成和解协议的案件，通过起诉裁量进行处理。审判阶段，可结合法官自由裁量权的运用建立刑事和解机制。执行阶段，可通过减刑、假释等制度来促进刑事和解。在未来的当事人主义主导的模式下，审前阶段，可赋予检察官起诉裁量权，直接建立辩诉交易和刑事和解制度，较广泛地运用刑事和解。审判阶段，可借鉴英美法系的中介机构和社区主导的和解模式。执行阶段，也可以引入社会力量参与刑事和解。

（4）监督。和解监督主要是监督当事人的和解行为以及司法机关的干预行为。对刑事和解的监督可通过刑事司法机关内部监督、当事人监督和外部监督三种途径实现。内部监督既要监督当事人的和解行为，又要监督司法机关的干预行为，公、检、法以及刑罚执行机关内部要有完善的关于刑事和解的调处程序，在纵向上对和解行为建立不同层级的审查，在横向上要有法治机构与执行机构之间的监督制约。当事人监督的重点是司法机关的干预行为，被害人和被告人（嫌疑人）可对司法机关干预调解的适当性提出异议，对明显失当行为可提出异议、控告和申诉。以上两种监督形式在不同的刑事诉讼阶段具有一定的相通性，可近似适用。对于外部监督则要予以特别分析。由于当前我国的司法体制，检察机关为法律监督机关，承担法律监督职责。刑事和解的外部监督职责可由检察机关承担，即检察机关对公安机关、审判机关和刑罚执行机关的和解案件进行法律监督，而检察机关自身主持的和解案件的外部监督问题可通过人民监督员、特约检察员等形式解决。而未来确立当事人主义主导的模式后，外部监督问题应贯彻审判中立、司法终局原则，转由通过司法审查机制解决。

（5）保障。刑事和解制度同样不是独立存在于刑事程序当中的，需要相关制度的完善作保障，这些制度主要包括自诉制度、被害人救助制度、被告人权利保障制度、辩诉交易制度、社区矫正制度，等等。

结 语

效率是选择刑事审判模式不得不面临的问题。不论是职权主义，还是当事人主义，都不可能解决刑事审判的所有效率问题。但是，并不能因此而否认模式选择的正当性，就像不能因为医学解决不了艾滋病等问题，就可以否认医学的价值一样。虽然两种模式都会面临一些难以克服的司法效率问题，如司法腐败，但是通过模式的合理转变却可以大幅提高效率，增进人类福祉。

当事人主义刑事审判模式崇尚以个人主义和自由主义为基础的人权保障，恰恰迎合了经济学的基本前提假设——个人理性，对其进行经济分析是合适的。效率是法经济分析的出发点和落脚点。所谓效率就是成本和收益的比较，但这里的成本和收益应该理解为广义的，既包括宏观的，又包括微观的，既包括客观的，又包括主观的，而非仅仅是狭义的物质财富考量。

当事人主义模式具有强大的、合乎理性的程序分流功能，使得绝大多数案件能够在审判前得到简化处理，大大提高了司法效率，做到了“当简则简”。这也是一个前提。更重要的是，当事人主义为普通程序案件提供了正当的审判程序。其对抗与合作的结构、作为成本平衡的证据制度、以个人理性为基础的诉讼主体行为以及以福利为导向的“判解”追求都无不体现了刑事审判的宏微观、主客观效率。因此，本书主张，未来我国的刑事审判模式改革应该以当事人主义为导向。

同时应该看到，当事人主义也有其弊端，需要职权主义作补充，就像市场经济体制需要国家宏观调控一样。只有以当事人主义为主、职权主义为辅的刑事审判模式才能最大限度地实现刑事司法的效率追求。具体而言，要变革现有的强职权模式，赋予控辩双方应有的诉讼角色、诉讼职能和平等的诉讼地位，优化审前和审判程序，促进控辩双方之间的充分对抗与合作，提高审判效率。

参考文献
References

一、中文文献

（一）著作

1. 陈卫东：《程序正义之路》（第1、2卷），法律出版社2005年版。
2. 李心鉴：《刑事诉讼构造论》，中国政法大学出版社1992年版。
3. 张建伟：《司法竞技主义——英美诉讼传统与中国庭审方式》，北京大学出版社2005年版。
4. 王兆鹏：《美国刑事诉讼法》，北京大学出版社2005年版。
5. 彭勃：《日本刑事诉讼法通论》，中国政法大学出版社2002年版。
6. 李义冠：《美国刑事审判制度》，法律出版社1999年版。
7. 刘仁文：《刑事一体化下的经济分析》，中国人民公安大学出版社2007年版。
8. 周林彬：《法律经济学：中国的理论与实践》，北京大学出版社2008年版。

9. 简资修:《经济推理与法律》，北京大学出版社2006年版。
10. 魏建、黄立君、李振宇:《法经济学：基础与比较》，人民出版社2004年版。
11. 魏建:《法经济学：分析基础与分析范式》，人民出版社2007年版。
12. 林立:《波斯纳与法律经济分析》，上海三联书店2005年版。
13. 李省龙:《法经济学分析范式研究》，中国社会科学出版社2007年版。
14. 高鸿业主编:《西方经济学（微观部分)》(第3版)，中国人民大学出版社2004年版。
15. 许云霄:《公共选择理论》，北京大学出版社2006年版。

（二）译著

1.《英国刑事诉讼法（选编)》，中国政法大学刑事法律研究中心组织编译，中国政法大学出版社2001年版。
2.《美国联邦刑事诉讼规则和证据规则》，卞建林译，中国政法大学出版社1996年版。
3. [英] 丹宁勋爵:《法律的正当程序》，李克强等译，法律出版社1999年版。
4. [美] 约翰·罗尔斯:《正义论》，何怀宏等译，中国社会科学出版社1988年版。
5. [美] 本杰明·卡多佐:《司法过程的性质》，苏力译，商务印书馆1998年版。
6. [日] 谷口安平:《程序的正义与诉讼》，王亚新、刘荣军译，中国政法大学出版社1996年版。
7. [美] 德沃金:《法律帝国》，李常青译，中国大百科全书出版社1996年版。

8. ［日］棚瀬孝雄：《纠纷的解决与审判制度》，王亚新译，中国政法大学出版社 2004 年版。
9. ［美］罗纳德·德沃金：《原则问题》，张国清译，江苏人民出版社 2005 年版。
10. ［德］哈贝马斯：《在事实与规范之间：关于法律和民主法治国的商谈理论》，童世骏译，三联书店 2003 年版。
11. ［德］韦伯：《经济与历史：支配的类型》，康乐等译，广西师范大学出版社 2004 年版。
12. ［德］韦伯：《韦伯作品集（Ⅲ）：支配社会学》，康乐等译，广西师范大学出版社 2004 年版。
13. ［德］韦伯：《韦伯作品集（Ⅳ）：非正当性的支配——城市的类型学》，康乐等译，广西师范大学出版社 2004 年版。
14. ［美］科斯、哈特、斯蒂格利茨等：《契约经济学》（第 2 版），李风圣主译，经济科学出版社 2003 年版。
15. ［美］格若赫姆·罗珀：《博弈论导引及其应用》，柯庆华、闫静怡，中国政法大学出版社 2005 年版。
16. ［美］詹姆斯·M. 布坎南：《宪法秩序的经济学与伦理学》，朱泱等译，商务印书馆 2008 年版。
17. ［美］凯斯·R. 桑斯坦主编：《行为法律经济学》，涂永前、成凡、康娜译，北京大学出版社 2006 年版。
18. ［美］理查德·A. 波斯纳：《法律的经济分析》，蒋兆康译，中国大百科全书出版社 1997 年版。
19. ［美］理查德·A. 波斯纳：《正义/司法的经济学》，苏力译，中国政法大学出版社 2002 年版。
20. ［美］道格拉斯·G. 拜尔等：《法律的博弈分析》，严旭阳译，法律出版社 1999 年版。

21. ［德］柯武刚、史漫飞：《制度经济学——社会秩序与公共政策》，韩朝华译，商务印书馆2000年版。
22. ［美］埃弗里·卡茨：《法律的经济分析基础》（影印本），法律出版社2005年版。
23. ［西班牙］因内思·马可－斯达德勒、J. 大卫·佩雷斯－卡斯特里罗：《信息经济学引论：激励与合约》，管毅平译，上海财经大学出版社2004年版。

（三）期刊论文

1. 陈光中、葛琳："刑事和解初探"，载《中国法学》2006年第5期。
2. 孙长永："当事人主义刑事诉讼中的法庭调查程序评析"，载《政治与法律》2003年第3期。
3. 卞建林、李菁菁："从我国刑事法庭设置看刑事庭审构造的完善"，载《法学研究》2004年第3期。
4. 谢佑平："生成与发展：刑事辩护制度的进化历程论纲"，载《法律科学》2002年第1期。
5. 陈瑞华："司法过程中的对抗与合作：一种新的刑事诉讼模式理论"，载《法学研究》2007年第3期。
6. 陈瑞华："刑事诉讼的私力合作模式——刑事和解在中国的兴起"，载《中国法学》2006年第5期。
7. 龙宗智："试析我国刑事审判方式改革的方向与路径"，载《社会科学研究》2005年第1期。
8. 杨杰辉："三种刑事审判对象模式之比较研究"，载《现代法学》2009年第3期。
9. 王天民："经济分析方法在刑事诉讼法学研究中运用的突出问题"，载《理论界》2009年第4期。

10. 徐昕："程序经济的实证与比较分析"，载《比较法研究》2001年第4期。
11. 沈敏荣："论法律的经济分析与规则分析"，载《中央政法管理干部学院学报》1999年第1期。
12. 高宏伟、虞浩："从经济学视角寻找一个最优解"，载《法学》2003年第6期。
13. 朱全景："法经济学：法律的经济分析和经济的法律分析"，载《法学杂志》2007年第3期。
14. 魏建："法经济学：效率对正义的替代及其批评"，载《甘肃社会科学》2002年第1期。
15. 冯玉军："法经济学范式研究及其理论阐释"，载《法制与社会发展》2004年第1期。
16. 殷继国、周琳静："法经济学与新制度经济学：耦合与分野"，载《兰州商学院学报》2007年第1期。
17. 史晋川："法经济学在经济学理论谱系中的位置"，载《学术月刊》2006年第4期。
18. 李梦媛："法经济学主流分析范式的反思与拓展"，载《法制与社会》2008年第7期。
19. 郁光华："法律的经济分析方法"，载《中外法学》1994年第4期。
20. 钱弘道："法律的经济分析工具"，载《法学研究》2004年第4期。
21. 刘少荣："法律的经济分析中使用经济学概念、范畴时应注意的几个问题"，载《法律科学》2004年第3期。
22. 王育才："法律经济学初探"，载《法学研究》1994年第5期。
23. 钱弘道："法律经济学的理论基础"，载《法学研究》2002年第4期。
24. 钱弘道："法律经济学和中国法律改革、未来中国法学"，载《法律科学》2002年第4期。
25. 杨蓉："简论法律经济分析的三个原则"，载《检察实践》2004年第6期。
26. 魏建："理性选择理论与法经济学的发展"，载《中国社会科学》2002年第1期。
27. 曲振涛："论法经济学的发展、逻辑基础及其基本理论"，载《经济研究》2005年第9期。
28. 张正德、李莹："论经济分析法学效率与正义的关系"，载《北京科技大学学报（社会科学版）》2006年第1期。
29. 魏建："谈判理论：法经济学的核心理论"，载《兰州大学学报（社会科学版）》1999年第4期。
30. 时显群："西方经济分析法学在中国"，载《现代法学》2002年第1期。
31. 张建伟："新法律经济学：理论流派与反思性评论"，载《财经研究》2000年第9期。

（四）学位论文

1. 马贵翔："刑事简易程序的价值及其实现"，中国政法大学2005年博士学位论文。
2. 王兵："法官自由裁量权的程序控制"，中国政法大学2005年博士学位论文。
3. 刘少军："刑事审判中的对抗与合意"，中国政法大学2006年博士学位论文。
4. 何大昌："公平与效率均衡及路径分析"，南京师范大学2002年博士学位论文。

5. 薛晨皓："诉讼效率的法经济学分析"，郑州大学2005年硕士学位论文。
6. 李晓林："诉讼权的经济分析"，中国政法大学2004年硕士学位论文。
7. 张宗清："波斯纳的正义与效率观研究"，西南师范大学2005年硕士学位论文。
8. 钱鲲："法律经济学方法论研究"，华东政法学院2006年硕士学位论文。
9. 辛欣："论波斯纳的经济分析法学与法律实用主义"，吉林大学2006年硕士学位论文。
10. 王斌："论波斯纳法律经济分析的理论基础——以财富最大化理论为视角"，西南政法大学2008年硕士学位论文。

二、英文文献

1. Roscoe Pound, *Criminal Justice in America*, Transaction Publishers, 1997.
2. Robin Paul Mally, *Law and Market Economy: Reinterpreting the Values of Law and Economics*, Cambridge University Press, 2000.
3. W. Z. Hirsh, *Law and Economics: An Introductory Analysis*, New York: Academic Press, 1979.
4. Richard A. Posner, *Economic Analysis of Law*, Little Brown and Company, 1992.
5. Douglas G. Baird, "The Future of Law and Economics: Looking Forward", *University of Chicago Law Review*, Fall, 1997.

图书在版编目（CIP）数据

刑事审判模式的经济分析——以当事人主义为中心 / 王海军著. —北京: 中国政法大学出版社，2013.8

ISBN 978-7-5620-4848-0

Ⅰ.①刑… Ⅱ.①王… Ⅲ.①刑事诉讼—审判—经济分析 Ⅳ.①D915.318.2

中国版本图书馆CIP数据核字(2013)第166357号

书　　名　刑事审判模式的经济分析——以当事人主义为中心

出版发行　中国政法大学出版社(北京市海淀区西土城路25号)

北京100088信箱8034分箱　邮编100088

http://www.cuplpress.com（网络实名：中国政法大学出版社）

58908325(发行部)　58908334(邮购部)

编辑统筹　第三编辑部　010-58908289　zonghebianjishi@gmail.com

承　　印　固安华明印刷厂

规　　格　880mm×1230mm　32开本　8印张　175千字

版　　本　2013年8月第1版　2013年8月第1次印刷

书　　号　ISBN 978-7-5620-4848-0/D·4808

定　　价　24.00元